乡村人才振兴培训系列教材

农村集体产权制度改革

王敬丽 等 主编

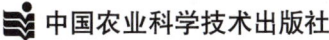中国农业科学技术出版社

图书在版编目（CIP）数据

农村集体产权制度改革 / 王敬丽等主编. --北京：中国农业科学技术出版社, 2021.8（2023.4重印）

ISBN 978-7-5116-5420-5

Ⅰ.①农… Ⅱ.①王… Ⅲ.①农村-集体财产-产权制度改革-研究-中国 Ⅳ.①F321.32

中国版本图书馆CIP数据核字（2021）第142825号

责任编辑　姚　欢
责任校对　马广洋
责任印制　姜义伟　王思文

出 版 者	中国农业科学技术出版社
	北京市中关村南大街12号　邮编：100081
电　　话	（010）82106631（编辑室）　（010）82109702（发行部）
	（010）82109709（读者服务部）
传　　真	（010）82106631
网　　址	http://www.castp.cn
经 销 者	各地新华书店
印 刷 者	中煤（北京）印务有限公司
开　　本	140 mm×203 mm　1/32
印　　张	6.5
字　　数	165千字
版　　次	2021年8月第1版　2023年4月第4次印刷
定　　价	30.00元

版权所有·翻印必究

编委会

主　　编　王敬丽　李吉民　刘　辉　俞　刚
副主编　徐　刚　訾　婷　王越兴　左建玲
　　　　　　陈　谌　张延梅
编　　委　李灵善　王志成　李忠怀　王先挺
　　　　　　薛双军　陶海彦　刘　严　吴国霞
　　　　　　周　颖　王　昊　王　璐　武爱珍
　　　　　　胡银建　张玉霞　王艳春

前言

农村集体产权制度改革是涉及农村基本经营制度和我国基本经济制度的一件大事,是新形势下完善农村生产关系的重大举措,也是全面深化农村改革的重大任务。2016年12月26日(中发〔2016〕37号)《中共中央 国务院关于稳步推进农村集体产权制度改革的意见》发布,对农村集体产权制度改革作出了总体部署,这是农村管长远、管根本、管全局的重大改革,是今后一个时期指导农村集体产权制度改革的总纲领,对于深化农村改革、保障农民权益、形成农村经济发展新动能具有重大意义。我国农村30多年来围绕土地制度改革已经连续实现了多年的农业增产、农民增收,在这种情况下,推进农村集体产权制度改革,可以促进农业发展、农民增收和农村和谐,为实现乡村振兴奠定基础。

目前,我国农村集体经济组织积累了大量资产,但集体资产管理面临"两个适应"问题。一是要适应健全社会主义市场经济体制新要求,通过深化改革,盘活集体资产,增添发展新活力。二是要适应城乡一体化发展新趋势,推进改革,防止农村集体资产流失,切实维护农民合法权益,让广大农民分享改革发展成果。我们结合农村集体产权制度改革的实践,在参考大量有关文献的基础上,编写了这本《农村集体产权制度改革》一书,从建立股权配置机制、流转交易机制、市场运营机制、收益分配机制、资产监管机制等方面,介绍了各地开展农村集体产权制度改革工作中的经验和做法及改革效果,对巩固农村集体产权制度改革成果,实现乡村振兴具有一定的参考作用和现实意义。

由于作者水平有限,加之时间仓促,书中不妥之处在所难免,敬请广大读者批评指正。

编 者

2021 年 4 月

目录

第一章 深化农村集体产权制度改革的重大意义 (1)
- 第一节 农村集体产权发展演变的基本历程 (3)
- 第二节 农村集体产权制度存在的主要问题 (11)
- 第三节 农村集体产权制度改革的政策建议与实施 (13)
- 第四节 农村集体产权制度改革的现实意义 (15)

第二章 建立股权配置机制 (18)
- 第一节 确资 (19)
- 第二节 确权 (51)
- 第三节 确人 (53)
- 第四节 确股 (57)

第三章 建立流转交易机制 (68)
- 第一节 创新集体产权交易模式 (68)
- 第二节 建立完善产权交易市场 (76)
- 第三节 建立健全产权交易规则 (83)

第四章 建立市场运营机制 (100)
- 第一节 构建集体资产运营机构 (100)
- 第二节 创新资本运营新理念 (106)
- 第三节 完善集体资产经营机制 (108)

第五章 建立收益分配机制 (113)
- 第一节 完善分配制度 (113)
- 第二节 规范收益分配 (116)
- 第三节 强化民主管理 (119)

第六章　建立资产监管机制	（122）
第一节　确保集体所有制地位稳固	（122）
第二节　确保农村资产管理规范化	（129）
第三节　确保集体经济运营法治化	（134）

参考文献 …………………………………………………（137）

附录　中共中央　国务院关于稳步推进农村集体产权制度改革的意见 ……………………………………（139）

附表1　农村集体资产清产核资报表 …………………（149）

附表2　农村集体资产清产核资报告明细表 …………（190）

第一章 深化农村集体产权制度改革的重大意义

通俗地说,农村集体产权制度就是农村集体资产属于谁,由谁来经营、管理、监督,产生的收益该如何分配等一系列制度。

具体来说,农村集体产权制度改革就是在明晰集体资产产权归属的基础上,以股份合作为主要形式,将农村集体经营性资产和未承包到户的资源性资产折股量化到人、落实到户,明确集体经济组织市场主体地位的一项制度创新。

农村集体产权制度改革是涉及农村基本经营制度和我国基本经济制度的一件大事,是新形势下完善农村生产关系的重大举措,也是全面深化农村改革的重大任务。2016年12月26日(中发〔2016〕37号)中共中央、国务院发布《关于稳步推进农村集体产权制度改革的意见》(以下简称《意见》)对农村集体产权制度改革作出了总体部署,这是农村管长远、管根本、管全局的重大改革,是今后一个时期指导农村集体产权制度改革的总纲领,对于深化农村改革、保障农民权益、形成农村经济发展新动能具有重大意义。

目前,我国农村集体经济组织积累了大量资产。但集体资产管理面临"两个适应"问题:一是要适应健全社会主义市场经济体制新要求,通过深化改革,盘活集体资产,增添发展新活力;二是要适应城乡一体化发展新趋势,推进改革,防止农村集体资产流失,切实维护农民合法权益,让广大农民分享改革发展成果。大量的集体资产,如果不盘活整合,就难以发挥应有的作用；如果不尽早确权到户，就存在流失或者被侵占的危险。推进这项改革非常必要，非常紧迫。

中共中央、国务院出台《意见》，是对深化集体产权改革系统全面的重大部署，中共中央、国务院高度重视农村集体产权制度改革。中共十八届三中全会提出要赋予农民更多财产权利。2015年部署在全国29个县（市、区）积极发展农民股份合作赋予农民对集体资产股份权能改革试点。2016年4月，习近平总书记在小岗村农村改革座谈会上强调，这是党中央推出的一项重要改革，对推动农村改革发展、完善农村治理、保障农民权益、探索形成农村集体经济新的实现形式和运行机制具有重要意义，要深化农村集体产权制度改革，发展农村集体经济，着力推进农村集体资产确权到户和股份合作制改革。李克强总理强调，要坚持和完善农村基本经营制度，深入推进农村集体产权制度改革，全面开展农村集体资产清产核资等工作，赋予农民更多财产权利。各地区、各有关部门认真贯彻落实党中央、国务院决策部署，按照农村改革"扩面、提速、集成"的总体要求，把握正确改革方向，抓牢关键环节，强化责任落实，推动改革取得了实质性进展，着力推进农村集体资产确权到户和股份合作制改革。

《意见》是农村集体产权制度改革的顶层设计。一是《意见》明确了改革的目标方向。就是要逐步构建归属清晰、权能完整、流转顺畅、保护严格的中国特色社会主义农村集体产权制度。建立符合市场经济要求的农村集体经济运行新机制，形成有效维护农村集体经济组织成员权利的治理体系。二是《意见》明确了改革的重点任务。要求对集体所有的各类资产进行全面清产核资，健全台账管理制度，从2017年开始，力争用3年左右时间基本完成。在此基础上，将经营性资产以股份或份额形式量化到集体成员，有序推进经营性资产股份合作制改革，力争用5

年左右时间基本完成改革。三是《意见》明确了改革的推进原则。主要是改革要尊重农民意愿，积极稳妥有序推进，坚持试点先行、先易后难，不搞齐步走、不搞一刀切。四是《意见》明确了改革的实施要求。要建立省级全面负责、县级组织实施的领导体制和工作机制。要加大对农村集体产权制度改革的政策支持和法治保障，营造有利于推进改革的法律政策环境。

农业部门要认真落实《意见》精神，确保改革扎实推进。随着《意见》的贯彻实施，农村集体产权关系将更加清晰，农村集体经济将焕发新的活力，农民财产性收入将稳步增长。

我国农村30多年来围绕土地制度改革已经连续实现了多年的农业增产、农民增收，在这种情况下，推进农村集体产权制度改革，可以促进农业发展、农民增收和农村和谐，为实现乡村振兴奠定基础。

第一节 农村集体产权发展演变的基本历程

农村集体经济是社会主义公有制经济的重要组成部分，30多年前农村实行土地家庭承包，调动了亿万农民的积极性，解决了十几亿人的温饱和吃饭问题。随着社会主义市场经济体制的建立，深化农村集体产权制度改革既体现集体经济的优越性，又调动个人积极性。农村集体经济运行的新机制可以更好地发展壮大集体经济，逐步实现共同富裕。

一、改革背景

农村集体资产产权归属不清晰、权责不明确等问题日益突出。中共十八届三中全会提出了保障农民集体经济组织成员权利，积极发展农民股份合作，赋予农民对集体资产股份占有、收益、有偿退出及抵押、担保、继承权的改革任务，这是一项牵一发而动全身的改革，需要试点先行。

中国农村集体资产总量不断增加，已成为农村发展和农民共同富裕的重要物质基础。在工业化、城镇化加快推进中，农村经济结构、社会结构正在发生深刻变化，农村集体资产产权归属不清晰、权责不明确、保护不严格等问题日益突出，侵蚀了农村集体所有制的基础，影响了农村社会的稳定，改革农村集体产权制度势在必行。农村情况千差万别，集体经济发展很不平衡，要搞好制度设计，有针对性地布局试点。

改革试点将兼顾东中西不同区域，选择若干有条件的县（市）为单位开展，试点工作在2017年底完成。试点过程中，要防止侵吞农民利益，试点各项工作应严格限制在集体经济组织内部。

二、目标原则

试点方案提出了改革试点的目标原则：要通过改革赋予农民更多财产权利，明晰产权、完善权能，积极探索集体所有制的有效实现形式，不断壮大集体经济实力，不断增加农民的财产性收入；在坚持家庭承包责任制的基础上，在保护农民合法权益、尊重农民意愿的前提下，发展多种形式的股份合作，探索建立有中国特色社会主义的农村集体产权制度。在改革试点中，要坚持正确的改革方向，既要发挥集体的优越性，又要调动农民的积极性，激活农村各类生产要素潜能，探索发展壮大股份合作经济的途径；要坚持推进体制机制创新，守住防止集体资产被侵蚀和农民利益受损害的底线，建立符合市场经济要求的农村集体经济运营新机制；要坚持尊重农民群众意愿，确保农民群众成为改革的参与者和受益者；要坚持重点突出和风险可控，确保试点工作顺利实施。

三、改革内容

一是保障农民集体经济组织成员权利。这是改革试点的重要基础。重点是探索界定农村集体经济组织成员身份的具体办法；建立健全集体经济组织成员登记备案机制；依法保障集体经济组织成员享有的土地承包经营权、宅基地使用权、集体收益分配权，落实好农民对集体经济活动的民主管理权利。

二是积极发展农民股份合作。这是改革试点的重要目的。要按照"归属清晰、权责明确、保护严格、流转顺畅"的现代产权制度要求，从实际出发，进行农村集体产权股份合作制改革。对于土地等资源性资产，重点是抓紧抓实土地承包经营权确权登记颁证工作，稳定农村土地承包关系，在充分尊重承包农户意愿的前提下，探索发展土地股份合作等多种形式。对于经营性资产，重点是明晰集体产权归属，将资产折股量化到集体经济组织成员，探索发展农民股份合作。对于非经营性资产，重点是探索集体统一运营管理的有效机制，更好地为集体经济组织成员及社区居民提供公益性服务。鼓励在试点中从实际出发，探索发展股份合作的不同形式和途径。

三是赋予农民对集体资产股份占有、收益、有偿退出及抵押、担保、继承权。这是改革试点的核心任务。要根据不同权能分类实施：要积极开展赋予农民对集体资产股份占有权、收益权试点，建立健全农村集体资产股权台账管理制度和收益分配制度。有条件地开展赋予农民对集体资产股份有偿退出权、继承权试点，尊重集体成员意愿，明确条件、程序。慎重开展赋予农民对集体资产股份抵押权、担保权试点，试点要在制定相关管理办法的基础上开展。

四、社会影响

"保障农民集体经济组织成员权利,积极发展农民股份合作,赋予农民对集体资产股份占有、收益、有偿退出及抵押、担保、继承权",是为贯彻落实中共十八届三中全会《中共中央关于全面深化改革若干重大问题的决定》(以下简称《决定》)提出的明确任务,是农村集体经济的重大制度创新,对于维护农民的合法利益,巩固完善农村基本经营制度,具有深远的影响。

这项改革十分复杂,涉及农民的切身利益,涉及诸多法律政策的修改完善。加之中国农村情况千差万别,需要进行试点,通过试点探索路子和办法。

五、进展

(一)不断强化集体产权制度改革工作措施,加强顶层设计

近年来,中共中央出台了一系列农村集体产权制度改革方面的政策。

加强顶层设计。2014年,经党中央、国务院审议通过,出台《积极发展农民股份合作赋予农民对集体资产股份权能改革试点方案》,在29个县(市、区)先行开展试点工作。2016年,中共中央、国务院印发《关于稳步推进农村集体产权制度改革的意见》,对推进改革作出总体安排。**广泛动员部署**。召开全国农村集体产权制度改革电视电话会议和农村集体资产清产核资工作推进会议,对相关工作作出具体部署。各省(区、市)通过召开改革专题会、电视电话会、现场观摩会等形式部署推进改革工作。**强化组织保障**。经国务院同意,建立全国农村集体产权制度改革部际联席会议制度,中央财政累计安排清产核资专项转移支付6亿元。各地成立由省领导牵头负责的改革领导机构或建立联

席会议制度，省、市、县三级财政共安排改革专项经费57.45亿元。**开展监督检查**。农村集体产权制度改革督查列入中央有关督查检查考核计划，中央农办、农业农村部联合部际联席会议成员单位，先后赴28个省份开展实地督查，采取随机抽查等方式走访87个县（市、区）、165个村，推动改革任务落实落地。**营造改革氛围**。2017年以来，农业农村部共举行两次农村集体产权制度改革新闻发布会，开展25期专题轮训，确定20个县（市、区）为全国改革经验交流典型单位。各地采取进村入户宣讲、给农民一封信、播放宣传片等方式使改革政策家喻户晓，借助电视、报纸、手机APP、微信公众号等媒体，加大改革政策宣传力度。

2021年2月21日，中央一号文件《中共中央 国务院关于全面推进乡村振兴加快农业农村现代化的意见》指出：完善农村产权制度和要素市场化配置机制，充分激发农村发展内生动力。坚持农村土地农民集体所有制不动摇，坚持家庭承包经营基础性地位不动摇，有序开展第二轮土地承包到期后再延长30年试点，保持农村土地承包关系稳定并长久不变，健全土地经营权流转服务体系。积极探索实施农村集体经营性建设用地入市制度。完善盘活农村存量建设用地政策，实行负面清单管理，优先保障乡村产业发展、乡村建设用地。根据乡村休闲观光等产业分散布局的实际需要，探索灵活多样的供地新方式。加强宅基地管理，稳慎推进农村宅基地制度改革试点，探索宅基地所有权、资格权、使用权分置有效实现形式。规范开展房地一体宅基地日常登记颁证工作。规范开展城乡建设用地增减挂钩，完善审批实施程序、节余指标调剂及收益分配机制。2021年基本完成农村集体产权制度改革阶段性任务，发展壮大新型农村集体经济。保障进城落户农民土地承包权、宅基地使用权、集体收益分配权，研究制定依法自愿有偿转让的具体办法。加强农村产权流转交易和管理信息网络平台建设,提供综合性交易服务。加快农业综合行政执法信息化建设。深入推进农业水价综合改革。继续深化农村集体林权制度改革。

(二) 全面加强农村集体资产管理

按期完成清产核资。按照《意见》关于 2019 年底基本完成农村集体资产清产核资的要求,农业农村部会同有关部门研究制定清产核资政策文件、操作办法和报表体系,指导各地按照清查核实、公示确认、建立台账、审核备案、汇总上报、纳入平台"六大步骤"清查核实各类资产。目前,全国 299.2 万个拥有农村集体经营性、非经营性和资源性资产的清产核资单位完成数据上报,清产核资工作已经基本完成,共清查核实账面资产总额 6.5 万亿元,其中,经营性资产 3.1 万亿元、非经营性资产 3.4 万亿元;集体资源性资产总面积 65.5 亿亩。**加快建设监管平台**。上线运行农村集体资产清产核资管理系统,全国 1.2 亿张各类资产报表实现在线填报、审核及汇总。鼓励各地充分运用现代信息技术手段,提高集体资产管理工作信息化水平。目前,全国农村集体资产监督管理平台已经列入《数字农业农村发展规划(2019—2025 年)》,正在开展设计和建设。**地方法规相继出台**。顺应农村集体产权制度改革的要求,如上海、江苏、浙江、广东等地研究出台农村集体资产管理条例等地方性法规,为加强集体资产监督管理提供了法治保障。

(三) 由点及面开展经营性资产股份合作制改革

压茬推进改革试点。2015 年以来,中央农办、农业农村部会同有关部门共组织开展 4 批农村集体产权制度改革试点,试点单位包括 15 个省份、89 个地市、442 个县(市、区),其他省份还自主选择了部分县村开展省级试点,各级试点单位已覆盖全国

80%左右的县（市、区）。**确认集体成员身份**。各地以县或地市为单位制定符合实际的集体经济组织成员身份确认指导意见，明确政策底线，规范工作程序，并在成员身份确认中注重维护妇女合法权益。目前，全国已有超过36万个村完成改革，共确认集体经济组织成员6亿多人。**合理开展折股量化**。各地在清产核资、成员身份确认的基础上，将农村集体经营性资产以股份或者份额形式量化到本集体成员。有的地方还在推进脱贫攻坚工作中，把财政投入到村集体形成的资产确权到农民集体，并量化为本集体经济组织成员特别是贫困人口持有的股份。**规范资产股权管理**。对于经营性资产折股量化到成员形成的股权，多数地方实行不随人口增减变动而调整的方式，一些地方探索实行"量化到人、确权到户、户内共享、长久不变"的股权静态管理模式。**积极深化试点内容**。有的地方在基层党组织领导下，探索明晰村民自治组织与村集体经济组织的职能关系，实行村民委员会事务和集体经济事务分离；有的地方探索集体资产股份有偿退出的条件和程序，自主开展集体资产股份抵（质）押贷款试点，为深化改革积累了经验。

（四）因地制宜探索集体经济有效实现形式

开展扶持集体经济发展试点。2016年以来，中央财政通过以奖代补等方式，共支持28个省份和4个计划单列市开展扶持村级集体经济发展试点。2018年，中央组织部、财政部、农业农村部印发通知，计划到2022年在全国范围内扶持10万个左右的村发展壮大集体经济。**支持贫困地区薄弱村发展提升**。按照《中共中央 国务院关于打赢脱贫攻坚战三年行动的指导意见》有关要求，农业农村部研究制定贫困地区集体经济薄弱村发展提升计划，指导各地以发展特色产业、盘活土地资源等为抓手，探索薄弱村发展集体经济的有效路径。从2017年开始，浙江省在全省实施消除集体经济薄弱村三年行动计划，到 2019 年底已全面消除集体经济年收入低于 10 万元、经营性收入低于 5 万元的薄弱村。**探索农村集体经济发展路径**。有的地方利用未承包到户的集体"四荒"地、果园、养殖水面等资源，集中开发或通过公开招投标等方式发展现代农业项目；采取租赁、入股等形式，将农户承包林地吸纳进村集体股份合作林场，大力发展用材林、经济林、林下经济、森林旅游等产业；在符合规划前提下，探索利用闲置的各类房产设施、集体建设用地等，以自主开发、合资合作等方式发展相应产业；整合利用集体积累资金、政府帮扶资金等，通过入股或参股农业产业化龙头企业、村与村合作、村企联手共建、扶贫开发等形式发展集体经济；在城镇规划区、经济开发区等优势区位，跨区域抱团建设仓储设施、商铺门面、标准厂房等"飞地"项目，实现集体经济可持续发展。

（五）逐步完善集体产权制度改革配套法律政策

赋予农村集体经济组织法人资格。2017 年，第十二届全国人民代表大会第五次会议通过《中华人民共和国民法总则》，将农村集体经济组织列为一类特别法人，明确农村集体经济组织依法取得法人资格。2018 年，第十三届全国人大常委会立法规划将农村集体经济组织方面的立法列为第三类项目。**建立集体经济组织登记赋码制度**。农业农村部会同有关部门制定登记办法，规范登记事项，统一证书式样，明确由县级农业农村主管部门负责发放农村集体经济组织登记证书，并赋统一社会信用代码。农村集体经济组织首次有了统一的"身份证"，目前全国已有超过 27 万个集体经济组织领到登记证书，并可凭此证到有关部门办理公章刻制和银行开户等手续，以便开展经营管理活动。**明确集体经济组织税费优惠政策**。财政部会同税务总局等部门细化落实在农村集体产权制度改革中免征有关契税、印花税的优惠政策，并明确农村集体产权确权免收不动产登记费。**制定集体经济组织金融支持政策**。中国人民银行、农业农村部会同有关部门出台金融服务乡村振兴的指导意见，要求各地结合农村集体经济组织登记赋码工作，加大对具有独立法人地位、集体资产清晰、现金流稳定的农村集体经济组织金融支持力度。

第二节 农村集体产权制度存在的主要问题

从督查调研和基层反映情况看，农村集体产权制度改革存在的主要问题有以下几种。

一、各地改革不平衡不充分

一些地方对农村集体产权制度改革重要性认识不到位，行动迟缓，存在"上热下不热"现象。部分地方对非经营性资产运营管护、资源性资产开发利用等，主动探索和谋划不多，改革广度和深度不够。有的地方没有及时总结推广试点地区的经验做法，引领示范带动作用没有得到充分发挥。受新冠肺炎疫情影响，有些地方入户调查摸底、集体开会表决等工作难以正常开展。

二、部分地方改革工作不规范

少数地方在确认集体经济组织成员身份时，没有充分尊重历史、合理兼顾现实，将户籍仍在本村的外嫁女排除在外，造成"两头空"现象。有些地方对股权设置的要求与中央文件精神明显不符。有的村民小组集体资产较多，但村、组集体土地和经营性资产未能分账管理，组级资产存在被平调的隐患。

三、集体资产经营管理水平不高

一些地方农村集体资产台账管理、经济合同管理不规范,民主程序履行不到位,集体资产存在一定流失风险。有的地方集体经营性资产运营管理能力不强,非经营性资产管护主体责任不明,未承包到户的土地等资源性资产经营效益不高。

四、政策支持力度有待加强

试点地区反映,支持农村集体产权制度改革和集体经济发展的政策措施力度还不够。改革后成立的农村集体经济组织需要缴纳增值税、企业所得税等税费,影响了农民集体参与改革的积极性。

五、有关法律制度不健全

国家层面还缺乏农村集体经济组织方面的法律,仅有少数省份出台了农村集体经济组织条例等地方性法规或地方政府规章,对集体经济组织成员身份确认的依法开展、集体经济组织及其成员权益的依法保障、集体经济组织功能作用的有效发挥等造成影响。

六、与农村相关改革衔接还不够

农村集体产权制度改革是一项综合性、系统性很强的改革,与农村土地制度改革、农村金融改革等相关领域改革具有很强的关联性,但有些地方在试点内容衔接、试点组织实施等方面统筹协调不够,导致改革的整体效应未能充分发挥。

第三节　农村集体产权制度改革的政策建议与实施

推进农村集体产权制度改革，是全面深化农村改革的重要任务，也是实施乡村振兴战略的重要抓手。以习近平新时代中国特色社会主义思想为指导，全面贯彻党的十九大和十九届二中、三中、四中全会精神，按照党中央、国务院决策部署，以明晰农村集体产权归属、维护农民集体成员权利为目的，以推进经营性资产股份合作制改革为重点，探索集体经济新的实现形式和运行机制，确保集体经济发展成果惠及本集体所有成员，为实现乡村全面振兴提供重要支撑和保障。重点抓好以下七个方面工作。

一、按期完成经营性资产股份合作制改革

组织已有的 15 个整省试点省份做好检查验收，部署 13 个非整省试点省份全面推开改革试点（北京、上海、浙江已完成改革任务），在 2020 年实现改革试点省级全覆盖，力争改革覆盖面扩大到所有涉农县。指导各地在常态化疫情防控中做好经营性资产股份合作制改革，规范有序开展成员身份确认、资产折股量化、办理登记赋码等工作，预防并妥善解决外嫁女"两头空"等问题，确保到 2021 年底按期基本完成改革任务。支持地方结合实际开展集体资产股份有偿退出、抵押担保等方面探索，完善集体资产股份权能，激发农村资源发展活力。

二、加大改革政策宣传贯彻力度

推介一批农村集体产权制度改革先进典型，宣传各地经验做法，充分发挥示范带动作用。开展多层次、多形式的农村集体产权制度改革培训，解读中央有关政策精神，提高基层干部的执行

力。组织开展农村集体产权制度改革督查，督促各地把改革工作做实做深做好，确保各项任务按期保质完成。

三、提升农村集体资产经营管理效能

进一步加强农村集体资产管理，加快全国农村集体资产监督管理平台建设，为盘活利用集体资产夯实基础。开展发展壮大集体经济试点示范，到2022年完成10万个左右村的扶持任务。推动贫困地区集体经济薄弱村发展提升，扶持村集体林场发展，推广资源变资产、资金变股金、农民变股东经验。加强基层专业队伍建设，为管好用好集体资产、发展壮大集体经济提供人才支撑。

四、健全完善改革支持政策体系

用好用活农村集体产权制度改革相关优惠和扶持政策。落实并完善支持农村集体经济组织发展的税收政策，探索创新金融机构对农村集体经济组织的融资担保政策，逐步增加政府对农村的公共服务支出，统筹安排农村集体经济组织发展所需用地，不断完善支持农村集体产权制度改革和集体经济发展的政策措施。

五、加快农村集体经济组织立法进程

围绕农村集体经济组织的基本特征、法人属性、功能作用、内部运行机制等重大问题，深入开展农村集体经济组织立法理论研究，指导有条件的地方先行开展相关立法探索。制定出台农村集体经济组织示范章程，尽快修订农村集体经济组织会计制度，为农村集体经济组织规范有序运行提供制度保障。

六、加强与农村相关改革的有效协同

以完善产权制度和要素市场化配置为重点，统筹推进农村各项改革。全面推开农村集体产权制度改革试点，开展第二轮土地承包到期后再延长 30 年试点，深化农村宅基地制度改革试点，推动完善农村集体经营性建设用地入市配套制度，加大金融服务农村改革力度，集成推广农村改革试验试点成果，促进改革试点有机衔接，切实增强农村改革的系统性、整体性、协同性。

七、农村集体产权制度改革的主要任务、程序和步骤

农村集体产权制度改革工作主要任务：①全面开展清产核资；②严谨确认成员身份；③明晰资产产权归属；④合理折股量化资产；⑤合理设置配置股权；⑥探索股权有效管理模式；⑦建立健全集体经济组织；⑧建立完善集体收益分配制度；⑨创新发展集体经济路径；⑩积极拓展产权制度改革权能；⑪强化农村集体资产监督管理。

农村集体产权制度改革的程序和步骤：①成立领导机构和工作班子；②宣传发动；③制定实施方案；④清产核资；⑤成员身份确认；⑥资产量化；⑦股权设置与管理；⑧建章立制；⑨注册登记与颁证到户；⑩归档备案；⑪资产运营；⑫收益分配；⑬权能拓展；⑭监督管理。

第四节 农村集体产权制度改革的现实意义

推进农村集体产权制度改革，界定集体经济组织成员身份，固化成员利益，规范收益分配机制，增加农民财产性收入，从根本上改变集体资产"人人有份、人人无份"的虚化状态；通过

盘活集体资产，促使荒废或闲置的资产资源保值增值，从而不断发展壮大集体经济；加强集体资产管理，赋予农民群众知情权、参与权、表决权和管理权，从制度上保证减少农村腐败现象并化解历史遗留及当前的难点、热点问题。

一、现实意义

农村集体产权制度改革是维护农民合法权益、增加农民财产性收入的重大举措。农村集体资产包括农民集体所有的土地、森林、山岭、草原、荒地、滩涂等资源性资产，用于经营的房屋、建筑物、机器设备、工具器具、农业基础设施、集体投资兴办的企业及其所持有的其他经济组织的资产份额、无形资产等经营性资产，用于公共服务的教育、科技、文化、卫生、体育等方面的非经营性资产。这三类资产是农村集体经济组织成员的主要财产，是农业农村发展的重要物质基础。适应城乡一体化发展新趋势，分类推进农村集体产权制度改革，在继续按照党中央、国务院已有部署抓好集体土地等资源性资产确权登记颁证，建立健全集体公益设施等非经营性资产统一运行管护机制的基础上，针对一些地方集体经营性资产归属不明、经营收益不清、分配不公开、成员的集体收益分配权缺乏保障等突出问题，着力推进经营性资产确权到户和股份合作制改革，对于切实维护农民合法权益，增加农民财产性收入，让广大农民分享改革发展成果，如期实现全面建成小康社会目标具有重大现实意义。

二、共享农村改革的发展成果

推进农村集体产权制度改革有利于增加农民的财产性收入。农民集体成员是集体经济的主人，维护好、发展好、实现好广大农民的权益是农村一切改革的出发点和落脚点。这项改革的一个重要目标设计和追求就是增加农民收入。现在一方面维护农民的财产权利显得越来越紧迫，另一方面农民的增收或者持续增收越来越困难。所以改革集体产权制度，把集体的经营性资产确权到户，实现农民对集体资产的占有使用和收益分配的权利，有利于拓宽农民的增收新渠道，让农民共享农村改革的发展成果。

第二章 建立股权配置机制

《中共中央 国务院关于稳步推进农村集体产权制度改革的意见》在全面加强农村集体资产管理中明确指出：

一是开展集体资产清产核资。这是顺利推进农村集体产权制度改革的基础和前提。要对集体所有的各类资产进行全面清产核资，摸清集体家底，健全管理制度，防止资产流失。在清产核资中，重点清查核实未承包到户的资源性资产和集体统一经营的经营性资产以及现金、债权债务等，查实存量、价值和使用情况，做到账证相符和账实相符。对清查出的没有登记入账或者核算不准确的，要经核对公示后登记入账或者调整账目；对长期借出或者未按规定手续租赁转让的，要清理收回或者补办手续；对侵占集体资金和资产的，要如数退赔，涉及违规违纪的移交纪检监察机关处理，构成犯罪的移交司法机关依法追究当事人的刑事责任。清产核资结果要向全体农村集体经济组织成员公示，并经成员大会或者代表大会确认。清产核资结束后，要建立健全集体资产登记、保管、使用、处置等制度，实行台账管理。各省级政府要对清产核资工作作出统一安排，从2017年开始，按照时间服从质量的要求逐步推进，力争用3年左右时间基本完成。

二是明确集体资产所有权。在清产核资基础上，把农村集体资产的所有权确权到不同层级的农村集体经济组织成员集体，并依法由农村集体经济组织代表集体行使所有权。属于村农民集体所有的，由村集体经济组织代表集体行使所有权，未成立集体经济组织的由村民委员会代表集体行使所有权；分别属于村内两个以上农民集体所有的，由村内各该集体经济组织代表集体行使所有权，未成立集体经济组织的由村民小组代表集体行使所有权；属于乡镇农民集体所有的，由乡镇集体经济组织代表集体行使所有权。有集体统一经营资产的村（组），特别是城中村、城郊村、经济发达村等，应建立健全农村集体经济组织，并在村党组织的领导和村民委员会的支持下，按照法律法规行使集体资产所有权。集体资产所有权确权要严格按照产权归属进行，不能打乱原集体所有的界限。

三是强化农村集体资产财务管理。加强农村集体资金资产资源监督管理，加强乡镇农村经营管理体系建设。修订完善农村集体经济组织财务会计制度，加快农村集体资产监督管理平台建设，推动农村集体资产财务管理制度化、规范化、信息化。稳定农村财会队伍，落实民主理财，规范财务公开，切实维护集体成员的监督管理权。加强农村集体经济组织审计监督，做好日常财务收支等定期审计，继续开展村干部任期和离任经济责任等专项审计，建立问题移交、定期通报和责任追究查处制度，防止侵占集体资产。对集体财务管理混乱的村，县级党委和政府要及时组织力量进行整顿，防止和纠正发生在群众身边的腐败行为。

第一节 确 资

一、清产核资

（一）清产核资的重要性

《中共中央 国务院关于稳步推进农村集体产权制度改革的意见》，对农村集体产权制度改革作了总体部署。

目前，我国农村集体经济组织积累了大量资产，拥有土地等资源性资产66.9亿亩，各类账面资产2.86万亿元。但集体资产管理面临"两个适应"问题：一是要适应健全社会主义市场经济体制新要求，通过深化改革，盘活集体资产，增添发展新活力；二是要适应城乡一体化发展新趋势，推进改革，防止农村集体资产流失，切实维护农民合法权益，让广大农民分享改革发展成果。

大量的集体资产，如果不盘活整合，就难以发挥应有的作用；如果不尽早确权到户，就存在流失或者被侵占的危险。改革将使以下三方面受益。

一是有利于增强农村集体经济的发展活力。深化农村集体产权制度改革既体现集体经济的优越性，又能调动个人积极性，可以更好地发展壮大集体经济。

二是有利于增加农民的财产性收入。集体资产归农民集体成员所有。通过改革将集体经营性资产确权到户，实现农民对集体资产的占有使用和收益分配的权利，有利于拓宽农民的增收新渠道，让农民共享农村改革的发展成果。截至2015年底，全国已有5.8万个村、4.7万个村民小组实行这项改革，累计向农民股金分红近2 600亿元，2015年当年分红411亿元。

三是有利于增添农业农村发展的新动能。改革农村集体产权制度，发展农民股份合作等多种形式的联合和合作，能够激活农村各类要素的潜力，完善现代农业的经营体系，增添农业农村发展的新动能。

由于全国农村集体资产的清产核资工作的重要性和艰巨性，中央提出力争用3年左右基本完成清产核资。为了保证这项任务的顺利完成，明确了以下三点。

第一，明确清产核资的范围。乡、村、组农民集体所有的资源性、经营性、非经营性资产都要进行清产核资。这次的重点主要是查三个方面：一是还没有承包到户的集体"四荒"；二是集体的经营性资产；三是债权债务现金等。要把这几个问题搞清楚，一方面是为了保证确权到户，另一方面是为了保证加强管理，防止资产的流失。

第二，明确清产核资的任务，具体来讲主要就是要查清资产，理清债权债务，建立管理台账和相应的管理制度。

第三，明确清产核资的责任。这项工作由省级人民政府按照中央的总体要求来统一部署，县和乡镇要组织实施好，制定相应的工作方案，明确相应的工作责任，以确保任务的完成。农业农村部作为牵头部门，要搞好指导工作。

事实证明，这项改革有利于增添农业农村发展的新动能，改革农村集体产权制度，发展农民股份合作等多种形式的联合和合作，有利于激活农村各类要素的潜力，完善现代农业的经营体系。

（二）清产核资的内容

清产核资的对象是乡（镇）、村、组集体经济组织，包括未建村、组集体经济组织以及村组经济组织不健全，代行其集体资产管理职能的村民委员会、村民小组或其他单位；撤村建居后代行职能的社区、居民委员会，以及农村集体经济组织所属企业。

清产核资的范围包括：农民集体所有的土地、森林、山岭、草原、荒地、滩涂等资源性资产；用于经营的房屋、建筑物、机器设备、工具器具、农业基础设施、集体投资兴办的企业及其所持有的其他经济组织的资产份额、无形资产等经营性资产；用于公共服务的教育、科技、文化、卫生、体育等方面的非经营性资产。重点清查核实未承包到户的资源性资产和集体统一经营的经营性资产以及现金、债权债务等。

清查资产：是指对集体所有的经营性资产、资源性资产和非经营性进行清查、登记、核实，查实集体资产存量、价值和使用情况，确保账证相符和账实相符，并建立健全集体资产登记、保管、使用和处置等各项制度，加强和规范集体资产财务管理。

登记产权：是指对乡（镇）、村、组集体经济组织在完成资金核实后，对集体所有的资产要依法进行所有权归属登记。农村集体资产是成员集体所有，不是成员所有，任何个体成员不能单独行使所有权；不是集体经济组织所有，更不是集体经济组织负责人所有，集体经济组织只是代表成员管理运营集体资产。

建立健全农村集体资金、资产、资源（简称"三资"）管理制度，构筑"三资"监管长效机制。

（1）进一步完善乡镇农村三资委托代理机制，建立健全会计核算制度，强化对村集体资金的监管。

（2）建立健全资产资源清查登记备案、评估、处置、内部管理等制度，加强对集体资产资源的承包、租赁和农村工程项目建设等经济合同监管。

（3）加快推进农村集体"三资"监管网络化平台建设，加强对农村集体"三资"的实时预警监督和审查审计。

(三) 开展清产核资的工作流程

（1）成立机构。市、县（区）、镇（乡）党委、政府主要领导亲自挂帅，成立由农业、财政、国土资源、水利、林业、教育、文化、卫生计生、体育等相关部门组成的清产核资工作领导小组；各级农业等相关部门指导乡镇、村、组不同层级农村集体经济组织，成立专门的清产核资工作小组。

（2）制定方案。市、县（区）、镇（乡）制定本区域清产核资工作方案、工作细则等配套文件，各级农业等相关部门指导乡镇、村、组不同层级农村集体经济组织拟定具体实施方案，按照有关规定公示无异后再组织实施。

（3）宣传培训。市、县（区）、镇（乡）开展政策宣传和业务培训，多渠道、多形式宣传集体资产清产核资的政策、目的和意义，分级分层开展动员培训。

（4）清产核资。乡镇、村、组农村集体经济组织按照国家下发的《农村集体资产清产核资办法》的要求，以未承包到户资源性资产和集体统一经营的经营性资产以及现金、债权债务等为重点，全面清查核实集体各类资产，将集体资产按照资源性、经营性、非经营性分类登记（填写农村集体资产清产核资报表）；镇村组工作小组对已清查登记的资金资产资源进行逐项逐笔核实，并按有关规定，对发现的账款不符、账实不符、账证不符等问题及时进行处理。

（5）公示确认。对初步核实的清产核资结果，依法依规进行张榜公示，公示期不少于10天。公示结果按照相关规定提交成员（代表）大会进行确认。

（6）建立台账。建立健全集体资产登记、保管、使用、处置等制度，按照资产类别建立台账，及时记录增减变动情况。

（7）数据录入。乡镇主要部门负责组织做好系统数据录入工作，将公示后的清产核资成果逐村逐组、逐表逐项录入平台。

（8）审核上报。乡镇主要部门负责校验核对数据，确认无误后上报，市县级农业部门会同国土资源等相关部门对数据进行逐级审核，确认无误后逐级上报到省，由省里汇总后上报农业农村部。

二、如何填写清产核资报表

1. 报表封面填写

单位名称按照集体经济组织的不同层级，填写：××省（区、市）××市××县（市、区）××乡（镇、街道）××村（居）××组集体经济组织，或代行职能的村民委员会、村民小组等。负责人填写本集体经济组织的负责人。审核部门填写本集体经济组织清产核资结果的审核部门。填表时间按照实际填表日期填写。

2. 现金账面余额与库存现金不相符时的处理办法

清查发现有现金长款或短款的，要查明原因，据实编制凭证，调整账簿。

3. 银行存款账面余额与金融机构出具的对账单余额不符的处理办法

清查核对银行存款账面余额与开户银行或其他金融机构出具的银行存款对账单余额不符的，要查明原因。对由未达账项引起的，要编制《银行存款余额调节表》进行调整。

4. 村上没账簿，货币资金的填写办法

如果村上没账簿，则账面数为零。核实数按实际清理出来并将村集体手中的现金倒轧后的金额填入，同时在盘盈栏中填入相同数据。

5. 清查短期投资的要求

短期投资清查登记表（农清明细02）是对集体投资时间在一年以内（包含一年）各项投资行为进行归类管理的科目。表中登记截至当年12月31日，在短期投资科目下的借方余额中各个投资事项的具体情况，表中各栏根据合同内容逐项填列。清理投资行为时，要同时清理投资合同并生成合同清理登记表（此表可由乡镇指导村级自行制作），合同不规范要重新签订规范的

合同。

6. 短期投资账面余额与短期投资原始凭证记载不相符时的处理办法

当短期投资账面余额与短期投资原始凭证记载不相符时，以原始凭证记载数填报，并留存相关证明材料，在短期投资清查登记表中备注填写原因。

7. 应收款项清查登记中的填写内容

清产核资明细表（未利用地、附报）应收款项登记财务账簿中，截至当年12月31日应收款的借方余额及内部往来的借方余额中所包含各个明细事项的清理结果，表中所有债务人都要附面询或函询的书面证明资料。

8. 内部往来中关于历年三提五统款核实困难的处理办法

若债务人不在面询函询单上确认其债务的，但其确实没有向集体归还欠款的，可通过走访群众等形式确认其债务金额，并在函询表中载明无法取得函询结果的原因及走访结果后。在核实数中填列账面数，仍做挂账处理。

9. 清查核对存货时应该注意的问题

清查核对存货账面余额及明细账与农业生产资料（种子、化肥、燃料、农药等）、原材料、机械零配件、低值易耗品、在产品、农产品和工业产成品等实际数是否相符，查清库存物资的类别、数量、金额、存放地点、保管人员等情况。清查采取实地盘点方法，保管员必须在场并参加盘点工作。对清查中发现的积压、已毁损或需报废的存货，要查明原因，按照有关规定和程序妥善处理。

10. 低值易耗品的划分

低值易耗品是相对于固定资产来说的，只要不能满足固定资产条件的有固定形态的物资，均为低值易耗品。集体经济组织的固定资产标准：凡使用年限一年以上，单位价值在500元以上均属于固定资产；对于一些主要生产工具和设备，虽然单位价值达不到500元，但使用年限在一年以上，也可列为固定资产。不满足以上条件的，均列为低值易耗品。

11. 清查核对农业资产时应该注意的问题

农业资产清查，包括集体经济组织购入、培育或营造的牲畜（禽）资产和林木资产。清查核实牲畜（禽）、林木资产账面数与实际数是否相符，查清牲畜（禽）、林木资产的品种、数量、金额、生长阶段，以及死亡等情况。清查采取实地盘点方法，牲畜（禽）饲养员、林木资产管理员必须在场并参与盘点工作。对有死亡、毁损或账实不符的，要查明原因，按照有关规定和程序妥善处理。

12. 村庄周围的行道树的登记方法

属于集体经济组织的林木资产，要登记在清产核资明细表中。

13. 林木资产如何区分经营性资产和非经营性资产

应根据集体购入林木的未来使用方向来确认其是经营性资产还是非经营性资产。如果购入的目的是为了将来出售而获得收益则确定为经营性资产；如果购入时的目的是为了集体经济组织的绿化防护则确定为非经营性。

【注意】

（1）林木资产是将为种植维护林木的所有费用进行收集的一个科目，投产（郁闭）前，在发生林木维护费用时，不能进入管理费用，而是在本科目中核算；投产（郁闭）后，在发生林木维护费用时，才能进入管理费用。

（2）在林木资产清理时，对于属于农户自家种植的树木或国有林木则不能登记在清产核资明细表中，因为它的所有权不属于集体。

（3）如林木与清产核资明细表中公益林、商品林的关系不属于包含被包含；且清产核资明细表中只登记在集体土地范围内种植的成片的林木或森林的木材蓄积量或占地面积，不统计价值。

14. 村上的公益林的登记方法

公益林如果是村上自行种植，自行维护，就是集体林木；否则就不是集体林木。

集体组织所有的公益林是非经济林，它是用于绿化的树木，不是准备对外出售获取利润；若准备对外出售时，则应当从非经济林木中转入经济林木中时，确认为商品林。

15. 清查核对固定资产时应该注意的问题

（1）注意固定资产的范围。其范围包括：房屋、建筑物、机器设备、工具器具、农业基础设施（包括小型水利工程）等。

（2）注意区分固定资产用途。分别对经营性和非经营性进行清查核实。

（3）注意清查方法和内容。清查采取实地盘查方法，与固定资产总账、明细账以及登记簿（卡片）逐一核对，清查各项固定资产的购建时间、坐落位置或存放地点、原值、累计折旧、净值、使用状态等。

（4）注意登记租赁资产。对出租的固定资产，由出租方负责清查，并与租入方进行核对。对租入的固定资产，要与出租方核对，并进行账外备查登记。对没有登记入账的固定资产，要将清查结果登记入账。

（5）注意处置盈亏资产。对清查出盘盈、盘亏的固定资产，要查明原因，提出处理意见，并按规定程序申报处置。

16. 集体经济组织中的经营性与非经营性固定资产

集体经济组织的固定资产如果处于生产经营状态，这些资产的建设购置目的是为集体经济组织获取收入则确定为经营性固定资产；如果这些资产的建设购置目的仅仅用于集体经济组织公共服务，则确定非经营性固定资产。

17. 村级机井的登记

首先要明确该机井所有权属于集体，其次划分其性质，划分标准如下。

若该机井在使用过程中向农户收取费用，且收取的费用大于管理机井的各项开支总和，则确定为经营性资产。

若该机井虽然在使用过程中向农户收费或不收费，收费也仅仅收取机井使用中的电费，无额外利润，则为非经营性资产。

18. 村级房屋的登记

如果村级房屋有一部分在对外出租，一部分用于村委会办公，填表时将整个房屋面积、原值等内容分为两部分填列到附表农清明细08-1和农清明细08-2。

（1）对用于经营的这部分面积及其原值、折旧等，按每平方米原值、折旧计算后，登记入附表农清明细08-1中；核实时，如无毁损情况，则核实数等于账面净值。

（2）对用于村委会办公的这部分面积，同样根据每平方米原值、折旧计算后登记入附表农清明细08-2中；则这两部分的原值之和等于该房屋账面价值，折旧同理。

19. 集体经济组织的固定资产没有在账面登记的处理办法

没有在账面登记的资产，账面数无数据，填零；在核实数与盘盈数中登记该资产的评估价值或有原始票据的票面价值。

20. 确定固定资产的入账价值

村集体经济组织应当根据具体情况分别确定固定资产的入账价值。

（1）购入的固定资产，不需要安装的，按实际支付的买价加采购费、包装费、运杂费、保险费和交纳的有关税金等计价；需要安装或改装的，还应加上安装费或改装费。

（2）新建的房屋及建筑物、农业基本建设设施等固定资产，按竣工验收的决算价计价。

（3）接受捐赠的固定资产，应按发票所列金额加上实际发生的运输费、保险费、安装调试费和应支付的相关税金等计价；无所附凭据的，按同类设备的市价加上应支付的相关税费计价。

（4）在原有固定资产基础上进行改造、扩建的，按原有固定资产的价值，加上改造、扩建工程而增加的支出，减去改造、扩建工程中发生的变价收入计价。

（5）投资者投入的固定资产，按照投资各方确认的价值计价。

（6）盘盈的固定资产，按同类设备的市价计价。

21. 固定资产的累计折旧填写方法

固定资产清查登记表（农清明细08）中累计折旧填列的是会计人员为某项固定资产定期计提的折旧截至当年12月31日的累计额。如果账面上没有计提折旧，则该栏填零。如发生为以前某个固定资产计提折旧，但该资产于当年12月31日前已清理下账，但将对应的累计折旧没有下账的，则对此项固定资产的累计折旧进行单独清理，账面数按会计账中截至当年12月31日的累计额填写，核实该数为零，盘亏栏填写账面数。

22. 集体经济组织的固定资产要计提折旧

按照《村集体经济会计制度》的规定，集体经济组织固定资产应计提折旧，通过"累计折旧"科目核算村集体经济组织所有的固定资产计提的累计折旧。集体经济组织固定资产计提折旧，可按年限法计提；计提年限，可在参考国家规定的各类资产的最低使用年限的基础上，酌情规定当地各类资产的使用年限。

（1）用于经营性的固定资产。

借：经营支出

 贷：累计折旧

（2）用于管理类的固定资产。

借：管理费用

 贷：累计折旧

（3）用于公共服务及其他的固定资产。

借：其他支出

 贷：累计折旧

如果固定资产在对外投资，并签订投资合同，则从投资签订日的下月起不再计提折旧。

对于出租、租赁的固定资产，由集体经济组织按经营性固定资产计提折旧。

对于新购入固定资产，本月不计提折旧，下月开始计提折旧；对于报废毁损的固定资产，报废月仍计提一次折旧，下月起不再计提。

固定资产提足折旧后，不管能否继续使用，均不再提取折旧；提前报废的固定资产，也不再补提折旧。

23. 清查核对在建工程时应该注意的问题

在建工程清查范围包括尚未完工、虽已完工但尚未办理竣工财务决算的工程项目。要按照在建工程未来形成资产的用途，区分经营性和非经营性进行清查核实。清查核对在建工程明细账与银行存款、库存物资、一事一议资金等相关记录是否相符。清查采取实地盘查方法，依据在建工程明细账和在建工程合同等，查清在建工程进度和质量，在建工程名称、承建单位、建设时间、建设地点、预算投资额、已投入建设资金等。对于使用财政资金的基本建设，竣工财务决算要严格执行《基本建设财务规则》。

24. 工程项目类的作业已经结束，但是工程质保金还未返还，账务的单位也没有收到工程竣工验收报告和移交单，账务上还在在建工程科目挂着，这种情况的填写办法

截至当年12月31日，如情况如上所述，仍在在建工程科目挂账的，按在建工程的清理程序清理。如果已不在在建工程科目中挂账，转入了固定资产，则按固定资产清理。

25. 固定资产盘盈盘亏的做账处理

（1）日常清理中发生盘盈。

借：固定资产

　贷：其他收入

（2）日常清理中发生盘亏。

借：其他收入

　贷：固定资产

（3）本次清理中发生大额盘盈。

借：公积公益金

　贷：固定资产

26. 村里的学校应该登记的内容

目前学校的性质，如果是教育部门在管理，则属于国有资产不登记，只登记占地面积；若管理权、使用权、收益权在集体经济，则确定为集体资产。另外，如果目前是闲置，若修建时由集体出资修建，在化解教育债务时，没有转移给教育部门管理，则为集体资产进行登记；如果全部划拨给教育部门，则只登记其占地面积。

27. 村卫生室的登记方法

对于村卫生室，分以下几种情况。如果修建资金全部为集体资金，确定为集体资产；如果由教育卫生部门出部分资金，个人出部分资金修建的，要依据修建文件，确定其权属，

再进行登记；如果修建资金中将国家投入的部分资金全部划拨为集体资金，则集体按占的出资比例登记占有的该资产价值或将该资产全额登记入集体资产中，但将个人、社会出资价值登记入个人资本或社会资本，同时与个人或社会组织签订相应合同，明确双方权利义务关系。

28. 对村上清理出无原始凭证的固定资产，价值可由村级资产评估小组进行评估

根据《农村集体资产清产核资办法》的要求，集体在清产核资过程中，确实需要对某项资产进行评估，则由乡镇指导集体经济组织自行开展评估工作，评估结果经过公示确认后再登记入账。

29. 如果集体经济组织修建的固定资产，虽然已竣工但由于资金不足，有欠款，发票也没有开，这种情况资产登记的方法

在在建工程清查登记表（农清明细09）中登记，截至当年12月31日，仍然在在建工程挂账的工程项目，无论是否已修建完工，工程款是否结清，均按在建工程清理。

同时.必须清理该工程项目的"四议两公开"手续，工程项目的发包手续，工程施工合同。清理结束后，工程完成竣工验收，取得验收报告收到施工方票据时，才可转入固定资产，若工程款未付完，余下部分在应付款中挂账。

30. 倒轧法在建工程核实应用

在建工程的核实数也要进行倒轧。在清查日对在建工程进行实地盘点并与库存物资以及银行存款去核对，得到清查日的清查数，然后把清查日与登记日中间在建工程使用的材料及拨付的工程款式的金额减去，得到当年12月31日该在建工程的核实数。若与当年12月31日的账面数一致则说明管理规范正确；若有差异则要在相关事项中详细说明情况。

31. 聘请有资质的专业机构参与资产评估

农村集体资产估价和价值重估，须经成员（代表）大会民主讨论决定，一般由集体经济组织自行开展，民主讨论确定估价方法，作为记账凭证入账，任何组织和个人不得随意估价处置资产。确有需求的，要聘请有资质的专业机构参与，其结果需经成员（代表）大会民主表决通过。农村集体资产估价和价值重估，要坚持实事求是，严格执行国家有关政策和技术标准，不得随意多估或少估，并报乡镇农村经营管理部门备案。

32. 长期投资包括的项目

长期投资，包括集体经济组织不准备在一年内（不含一年）变现的股权投资、债权投资，以及对农民专业合作社、家庭农场、企业等的投资。

33. 长期投资账面数与实际数不相符时的处理办法

清查核对长期投资账面数与实际数是否相符，采取面询、函证等方式，将长期投资明细账与投资合同或协议、记录凭证、审批文件、投资有关权益证书等与投资对象逐一进行核对，取得书面核对凭证，查清长期投资的对象（项目）、金额、方式、期限、股利（利息）等。当长期投资账面数与实际数不相符时，以实际数填报，并留存相关证明材料，说明原因。

34. 无形资产的填报登记

无形资产清查登记表（农清明细10）中只登记集体经济组织的商标、专利技术或非专利技术等没有固定形态能给集体带来收益的资产，依据无形资产明细账和相关记录，查清截至当年12月31日的各种无形资产名称、取得时间、取得方式、使用年限、使用情况、原始价值、摊余价值等情况。

35. 对于债权债务的函询、函证

函询：根据农业部九部门下发的清产核资通知中的清产核资

办法要求,需要对债权债务关系进行明确,因此全部需要进行面询或函询。

函证:函证的时候需要附债权债务期间发生变化的凭证、初期数字也要查询。在函证的纸质凭证中,需要对该项债权或债务的整体情况进行描述,重点包括债权债务产生的时间和总金额、当年 12 月 31 日已归还金额及归还时间和未偿还金额等内容,并由债务人或债权人本人签署确认意见后签字盖章(无章的可按手印)。

36. 应付款项清查内容的登记

清查核对集体经济组织与外单位和外部个人发生的偿还期在一年以下(含一年)的各种应付及暂收款等,根据应付款明细账余额,采取面询、函证等方式逐一与债权人进行核对,取得书面核对凭证,查清债权人、金额、用途、产生时间、到期时间及审批人等。

37. 应付工资的清查填报

应付工资清查登记表(农清明细 12),截至当年 12 月 31 日,集体经济组织应当向有关人员发放而未发放的工资,是对集体拖欠人员工资的登记表,并非是目前的村干部报酬统计表。其中当年拖欠人员工资按人分行填列,金额填在表中第 4 栏本年数中;当年 1 月 1 日前拖欠的工资,按人按行填列,金额填在表中第 5 栏以前年度栏中。

38. 应付福利费的填报

应付福利费清查登记表(农清明细 13)中,账面数、核实数均分为借方和贷方两部分。两个方向代表的意义不同,贷方表示会计人员在当年 12 月 31 日完成年终结转后,按未分配收益的分配要求进行了分配,既提取了公积公益金,又提取了福利费,但尚未使用支出的部分(显示为黑字);借方表示截至 12 月 31

日，集体经济组织本年发放应付福利费大于计提金额的差额（即超支部分），或会计从未计提福利费而实际发放的金额，在会计账簿中余额为借方余额（显示为红字）。

（1）两个贷方如何清理登记：对贷方余额进行清理时，应与银行存款进行核对后填入核实数的贷方栏，如这部分资金于当年12月31日存在银行存款，则账面数等于核实数。如果这部分资金不在当年12月31日银行存款的金额之内，则出现盘亏。账面数大于核实数，差额记入清查核实的减少中。

（2）两个借方如何清理登记：应当按当年12月31日在会计账簿借方余额所包含所有事项，要按每一个发放事项、发放对象，逐项逐人逐笔清理填列，并由领取受益人确认核实结果后，填入核实数的借方栏。

39. 集体经济组织的应付福利费包括的内容

集体经济组织的应付福利费是指村集体经济组织从收益中提取，用于集体福利、文教、卫生等方面的福利费（不包括兴建集体福利等公益设施支出），包括照顾军烈家属、五保户、困难户的支出，计划生育支出，农民因公伤亡的医药费、生活补助及抚恤金等事项。

40. 国家对应付福利费的相关要求

根据国家会计法规定，应付福利费应当先计提后使用。使用超出计提部分，按规定程序批准后，应按规定转入"公积公益金"科目的借方，未经批准的超支数额，仍保留在本科目借方。

41. 一事一议资金的填报

一事一议资金清查登记表（农清明细14）中，重点是对截至当年12月31日在会计贷方仍挂账的项目具体实施情况的清理。即当年12月31日集体经济组织会计账簿中一事一议科目的余额（包含正在修建的各个事项），按事项逐个清理登记并倒轧出其核实数；同时清理一事一议的议事记录、筹资筹劳情况。

对于没有在集体经济组织账内登记的一事一议项目清理后，若已完成竣工验收，要逐个清理其截至 12 月 31 日的具体情况，并从相关部门办理资产的完工竣工手续，或权属移交证明。

42. 专项应付款的填报

专项应付款清查登记表（农清明细 15）登记的是国家拨入有专门用途的项目资金和集体经济组织收到的征地补偿费等资金。该科目清理时，首先要清查拨款文件，再按文件内容逐项查清专项应付款拨款单位、拨入金额、拨入时间、使用金额、具体用途等。"账面数＝拨入数（总金额）－已使用数"。"核实数"与"账面数"存在差异的，要在"备注"中填写原因。

43. 专项应付款清查登记表中关于土地征用补偿费的清理

土地征用补偿费清理分两种情况。一是截至当年 12 月 31 日仍然在集体经济组织财务账簿中挂账的这部分土地征用补偿费进行清理，如在其他科目即应付款中包含，则剥离出来后填入专项应付款清查登记表的账面数中，同时查找到该金额的拨款文件，根据文件填入拨入数，将已分配的金额填入已使用金额中，然后账面数等于拨入数减已使用金额，核实数则要与银行存款核对后填入核实数栏中。若资金管理规范，则账面数等于核实数。二是将以前年度所发生的所有征地补偿费逐年逐次逐行填列。同时，拨入数与已使用金额相等，账面数与核实数为零。

44. 所有者权益清查登记表的填报

所有者权益清查登记表（农清明细 16）是对集体经济组织的资本、公积公益金、未分配收益的一个清查核实表。

第一部分：资本的清查，是指集体经济组织实际收到的投入资本，按照明细科目余额进行向前追溯。对记载清晰的，通过公示、问讯、函证等方式与投资人进行核对，并取得确认书。对记录不清晰的，可暂时将其资本列为集体资本。

在清查中，若出现记录与投资人实际不符时，要经当事人签字，重新确认其股权，并通过村民大会或村民代表大会表决通过，方可调整明细科目。对投资人或投资单位死亡、撤销等情况，若其有继承人的应当将其资本转到继承人名下，无继承人的全部列为集体资本，同时取得证明材料作为账务调整的依据。

对合作化时期投入的资本，有条件的可以进行深入的追溯，进行函询，查明其股权，明确其利益。若无法追溯的可列为村集体资本。

（1）账面数：以当年12月31日年终结转后资本科目下贷方余额的明细填列，并按明细进行追溯。

（2）核实数：与投资人进行核对后的金额填列。

（3）清查核实的增加和减少。以账面数与核实数的差额填列，并注明原因。

第二部分：公积公益金，是指对村集体经济组织从收益中提取的和从其他来源取得的公积公益金。

具体包括：集体从未分配收益中计提的要在集体计提栏填列；对外投资中，资产重估确认价值与原账面净值的差额记入资本溢价栏；村集体经济组织接受捐赠的资产记入接受捐赠栏；收到的征用土地补偿费记入征地补偿费转入栏；一事一议资金转入的记入一事一议资金转入栏；政府拨款等形成的资产记入政府拨款等形成资产转入栏；拍卖荒山、荒地、荒水、荒滩等的使用权收入记入其他栏。

（1）账面数：以当年12月31日完成年终结转后，并进行未分配收益分配后的公积公益金二级科目贷方余额填列。

（2）核实数：核对公积公益金下各明细行的实际情况，同时对将本次清产核资过程中，加上农清明细01至农清明细15中的盘盈，减去盘亏后计算填列。

（3）清查核实的增加和减少。以账面数与核实数的差额填列，并说明其原因。

第三部分：未分配利润，主要清查集体经济组织历年分配后结余额的管理情况。

（1）账面数：当年12月31日完成年终结转后，资产负债表未分配利润年末金额填列。

（2）核实数：根据收益分配明细账贷方余额与银行存款核对后填列。

（3）清查核实的增加和减少。以账面数与核实数之间的差额填列，并说明原因。

45. 待界定资产清查表中价值的填写

待界定资产清查登记表（农清明细17）是对集体经济组织清理出权属有争议，通过市、乡两级均无法确认其权属关系的资产进行登记，其价值栏以对该资产进行评估取得的价值直接填列，不用通过村民会议审议。

（1）本表中填制的待界定资产，不纳入本次清产核资集体资产的总额范围之内。

（2）清产核资工作结束后，要对其权属进行确定，并及时纳入账内管理。

46. 清查资源性资产时资产价值的确认

对于集体土地等资源性资产，由于没有市场化，很难用价值进行评估，现阶段也没有必要进行价值评估，所以不是计价，而是计量。也就是说，农民集体所有的土地、森林、山岭、草原、荒地、滩涂等资源性资产的清查，按照农用地、建设用地和未利用地分类进行，只登记面积、权属和经营情况等，一般不确认价值。

47. 资源性资产报表的填写

资源性资产清查登记表（农清明细 18）中第 1 列总面积原则上填列国土资源部门提供的各集体经济组织土地确认各类土地的总面积。本表重点是对开发利用的各类土地资源的开发情况分地块如实进行登记，对外出租、投资承包等形式要清理各种经营合同，如合同不规范则要按规定程序进行规范、补签补充合同。农清明细 18-1 中，第 11 列填本次土地确权面积，当与国土数据有差异时，不做调整，据实填列。

对其他列，则填该种性质的资源出租、租赁情况，分别按地块清理合同，填列内容。流转入集体统一经营的面积，指集体将农户享有承包经营权的土地流转到集体手中的总面积。

对未承包到户资源总面积即第 2 列，应当根据第 1～11 列的差额填入，或应当根据第 1 列减去第 11 列的差额填入。需要注意：农清明细 18-1 中，1～7 行各行第一列总面积合计数要等于国土部门提供的农用地的总面积，若与实际情况不符，可结合实地勘测丈量后报国土部门核实确定。

在农清明细 18-2 中，前两行建设用地要逐地块进行清理，并对其承包经营合同进行重点清理，合同不规范、手续不完整的要通过"四议两公开"程序重新签订合同。1～6 行各总面积合计数等于国土部门对外发布的建设用地总面积数。

在农清明细 18-3 中，反映集体未利用地等的清查。其中，商品林、公益林填写由林业部门提供的在集体土地范围内种植的公益林、商品林的木材蓄积量（单位为 m^3），若林业部门无法提供，则填占用集体土地的面积（单位为亩），并在备注中填公益林、商品林第一列数据的单位；待界定土地，指集体经济组织有权属纠纷，由县、乡工作组协调也不能确认的土地面积，不在总面积范围内。

48. 家庭承包土地流转至集体，由集体统一发包的怎么填写

区分集体在发包中的作用，若流转费用全部由原承包农户获得，集体实质起流转中介作用，这种情况下仍按承包到户统计，不按流转入集体统一经营。若集体在发包中获得有收入，按流转入集体统一经营统计，集体获得的收入计入其他收入。

49. 已承包到户的耕地是否要登记为资源型资产

已承包到户的耕地的所有权属于集体，农户拥有的是承包经营权，因此已承包到户的耕地也需登记为集体的资源型资产。为了避免重复劳动，减轻工作量，对确权登记颁证成果直接采用，不需要再重新测量，但不是不登记。

50. 对未批先占的农用地如何登记

如村民在承包地建房屋或者在村机动地上建厂房的情况，此类属于集体的资源性资产，是登记为农用地还是建设用地，需与当地的国土部门结合。若按农用地登记，可登记为其他农用地。

51. 没有确权到户的农户自留地的登记

农户自留地的所有权也属于集体所有，应登记为集体的农用地。如果承包地确权登记颁证时未纳入家庭承包经营，可以登记为未承包到户的其他经营方式。

52. 租地合作开发地块的登记

租地合作开发的地块，登记在该地块所属的集体经济组织名下。涉及两个以上集体经济组织合作开发的地块，分开各自的地块进行登记；合作开发的物业，一般以部分经营权转给合作者经营若干年的方式收取收益，该物业的所有权是集体的，也应全部登记在集体名下。

53. 合作建设物业的处理办法

在经济较为发达的地区，往往存在合作建设物业的情况，一般分为以下几种情况。

（1）农村集体出地，由第三方承建并用其中部分进行收租，若干年后，物业归经济组织。这种情况，所出的地应登记为集体建设用地，物业的产权属于集体经济组织成员集体，不过是让渡了若干年部分物业的租赁收益，因此，物业资产要进行登记。

（2）经济组织和第三方共同出资或经济组织以集体土地入股，合作建设物业，并在相关部门明确登记各自权属的面积，则应按所属部分的面积进行登记。

54. 只有资源没有资产的登记

部分地区所有的资源是属于村小组的，但发包及经营统一由本村处理，财务上有村一级统一收取租金后，再内部核算记录各小组的收益，村民小组只有二级账，没有独立银行账户，这种情况下资源和资产应严格按各自归属进行登记，资金部分只登记村一级，村民小组资金表可以 0 填报。由于固定资产统一在村级的账务进行核算，就会发生账面与实际不同的情况，需要在备注中加以说明。

55. 集体经济组织独立经营，但资金归入同一银行账号的登记办法

在村财乡管的模式下，部分地区的会计代理中心只开设一个银行账号，将其负责的若干经济集体经济资金统一归入该账号，这种情况应属于不规范的做法，建议按独立法人原则，一个经营主体开设一个银行账号。实际上没有分开的，也要按各集体经济组织的账面数分开登记在货币资金表上。

56. 已转让的资产的登记

如果法律上已在清查时点前确认转让，则该资产不需登记，如果属于村自行转让，但不受法律许可的，例如卖地给外村人建房等，土地属性仍然是属于村集体的，则此类资产仍然要登记。但需在摘要栏加以说明。

57. 资源性资产清查登记明细表（农清明细18-3）中的公益林和商品林的数据的填写

公益林和商品林数据应当用林业部门提供的木材的蓄积量填列，如果没有蓄积量就填占用集体土地的总面积。

58. 资产负债表的填写

资产负债表（农清明细19-1）为农清明细01至农清明细17的汇总表，集体经济组织的资产负债表。本表以集体经济组织当年12月31日年终结账后的资产负债表为基础，其账面数应等于当年12月31日集体资产负债表的期末数，也应等于农清明细01至农清明细17的账面数合计数；核实数以农清明细01至农清明细17中所有的核实数计算填列。

【注意】

（1）此表既是集体经济组织农清明细01至农清明细17的汇总表，也是集体经济组织向乡镇上报的清理登记表。

（2）若集体经济组织有全资子公司（或全资子企业），则要把全资子公司（或全资子企业）的资产负债情况填写在农清明细19-2中。

（3）农清明细19-3反映的是集体经济组织与所属企业合并报表后的资产负债总体情况。该表填报时，不仅要将全资子公司的合并，如果有控股50%以上企业，还要将此类企业的所有者权益按照集体所占比例进行计算，与集体经济组织长期投资的账面数对比，差额进入公积公益金后，共同形成合并的资产负债表才能上报乡镇。

59. 如何划分经营性资产与非经营性资产

农清明细01应当根据集体经济组织截至当年12月31日，生产经营活动的量来划分经营性与非经营性部分，经营活动频繁，业务量大可将农清明细01全部定为经营性资产；若集体经济组织经营内容少，可将农清明细 01 中金额划分为两部分；若无经营活动，则划分为非经营性资产；

农清明细 02 中资产均划为经营性资产；

农清明细 03 中，根据资产用途，区分为经营性资产或非经营性资产；

农清明细 04 根据服务对象，如果服务对象处于经营状态，则为经营性资产；若服务对象为非经营性资产，则为非经营性资产；

农清明细 05 中，根据购置时的目的划分，用于对外出售的为经营性资产，用于本集体生产服务的为非经营性资产；

农清明细 06 中，经济林木为经营性资产，非经济林木为非经营性资产；

农清明细 07 中全部为经营性资产；

农清明细 08、农清明细 09 已划细分出经营性资产与非经营性资产两张子表；

农清明细 10 为经营性资产。

60. 资源性资产清查登记总表（农清明细 20）的填写方法

本表是集体清产核资结束后集体经济组织向乡镇上报的资源清查明细汇总表，反映集体资源性资产的清查情况。集体资源性资产清查要与农村集体土地确权登记发证、农村土地承包经营权确权登记颁证、集体林权确权登颁证、草原确权登记颁证等不动产登记、自然资源确权登记工作相衔接，利用登记成果、森林资源档案等登记入账。如重新实测，要在备注中填写原因。

61. 本次清产核资所有报表数据都要经村民大会审议

本次清产核资所有的结果都要通过村民大会或村民代表大会审议确认后，再上报乡镇一级审核备案，经过这个程序的清产核资结果才能成为清产核资结束后账务调整的依据。

62. 集体经济组织可以确定清产核资的清查日期

集体经济组织可以在全省清产核资工作要求的时间段内自行确定开始清理时间，但要确保工作按时保质保量完成。

63. 本次清产核资报表中的盘盈、盘亏的账务处理不必做在当年

本次清产核资报表中所有的账面数和核实数必须都是当年12月31日的数据，发生盘盈、盘亏时，其账务处理是在清产核资结束后进行，所以真正的账务处理不能把调整账目做在当年。

64. 清产核资后进行账务处理的程序

根据《农村集体资产清产核资办法》等有关规定，对清产核资中发现的账账不符、账实不符、账证不符等问题要及时进行账务处理。账目调整前必须进行严格的审核，查明原因，落实责任，经集体经济组织成员（代表）大会讨论通过，报乡镇农村经营管理部门审核批准后，按照会计制度进行账务处理。不符合条件或未履行规定程序的，不得进行账目调整。

65. 集体经济组织签订合同的程序

集体经济组织签订各类合同时，均应当执行"四议两公开"程序，经村民大会或村民代表大会审议通过，报乡镇审核备案后方可签订。

66. 如何处理清产核资前没有纳入账内核算的固定资产、无形资产、农业资产等，包括政府拨款、税费减免等形成的资产，社会团体、个人捐赠的资产等

有原始凭证的，按记载价值入账；无法取得原始凭证的，通过资产估价确认价值入账，作为增加公积公益金处理，经民主程序讨论通过，可转增资本（并按股权比例量划给成员或集体），同时调整账簿记录。

67. 如何处理确实无法收回的短期投资和长期投资即对外投资的资产

确实无法收回，预期不能带来收益的，必须进行严格的审核，查明原因，落实责任，经集体经济组织成员（代表）大会讨论通过，报乡镇农村经营管理部门审核批准后，按照会计制度进行账务处理。投资净损失计入投资收益，同时调整账簿记录。

68. 如何处理确实无法收回的应收款项、预期不能带来收益的无形资产，确实无法支付的债务等核销

对确实无法收回的应收款项、预期不能带来收益的无形资产，确实无法支付的债务等核销，必须进行严格的审核，查明原因，落实责任，经集体经济组织成员（代表）大会讨论通过，报乡镇农村经营管理部门审核批准后，按照会计制度进行账务处理。债权核销计入其他支出，债务核销计入其他收入。不符合条件或未履行规定程序的，不得进行账目调整。

69. 报表合并

是指集体经济组织资产负债表与集体全额投资企业的资产负债表进行合并，或将控股50%以上企业的核实数中所有者权益中按占比额进行计算获得的价值与原始投资价值进行对比，对比后的差额进入集体经济组织资产负债表的过程。

70. 清产核资的工作经费如何解决

《农业部 财政部 国土资源部 水利部 国家林业局 教育部 文化部 国家卫生计生委 体育总局关于全面开展农村集体资产清产核资工作的通知》明确要求，要创造保障条件，将清产核资工作经费纳入同级财政预算，确保清产核资工作稳妥有序推进。

71. 两任会计交接时，前任会计无明细科目（如：固定资产、应收应付），只有结转数字，如何填报

按照规定，账簿、凭证等会计资料需要长期保存。若确实无

法找到明细资料。对固定资产类，有两种处理办法：一是根据实物的购置顺序，累计核实数与账面数，最终结果大于账面数为盘盈，小于账面数为盘亏；二是把所有的账面数盘亏，所有的实物盘盈。

对应收应付，因无法获知具体的债务债权人，建议做待界定处理，提请村民代表或村民会议表决。

72. 按照清产核资办法，不能打破村组界限，耕地一般都是组里所有，但组里没有其他资产和账目，组都需要填写报表

耕地归组所有，意味着组有资源性资产，按照不能打破所有权权限的要求，组需要单独填写报表。

73. 规划建设期内，土地已被征收，但暂时没赔付，报表的填报

土地已被征收，意味着所有权有集体所有变为国有，该土地已不属于集体所有，不能登记为集体资源性资产。补偿款暂时未支付，属于集体的应收款项。根据征地公告及赔付标准，增加应收款项和专项应付款。

74. 应收账款核查，村集体要与债务人签订新的证明材料，但是债务人不认可怎么办

需具体情况具体分析，自治、法治、德治相结合，综合运用村规民约、法律等手段，以事实为依据，让债务人认可。

75. 应付款项中，村级招待费用一直没有上村总账明细账，要是填了应付款，村民不认可怎么办

自2003年始，就要求村级零招待。村级招待费用是不能入村账的。

76. 林木资产登记表单位为棵，汇总表中生态林单位为立方米，某县竹林全部为生态林，如何统计

林木资产登记表中的林木为集体所有的林木的价值，汇总表

中的生态林登记的是在集体土地范围内种植的成片的林木或森林的木材蓄积量或占地面积，不统计价值。两者不属于包含被包含。该县的竹林全部为生态林，且其占地所有权归集体，则汇总表中根据林业部门数据统计蓄积量，无蓄积量统计占地面积。若竹林的产权属于集体，林木资产登记具体数量与价值，若产权不属于集体，则林木资产登记表统计为0。

77. 文件规定应收应付款，清查过程中需进行面询、函证，对方单位和个人因种种原因联系不上，无法函证，文件只有说明，"对确实无法收回的款项，要明确责任，按照有关规定进行核销"，如何处理

根据《农村集体资产清产核资办法》第二十七条规定：对确实无法收回的应收款项、对外投资，预期不能带来收益的无形资产，确实无法支付的债务等核销，必须进行严格的审核，查明原因，落实责任，经集体经济组织成员（代表）大会讨论通过，报乡镇农村经营管理部门审核批准后，按照会计制度进行账务处理。

78. 建立年度资产清查制度和定期报告制度

根据《关于全面开展农村集体资产清产核资工作的通知》（农经发〔2017〕11号，以下简称《通知》）有关"建立年度资产清查制度和定期报告制度，至少每年末开展一次资产清查，次年3月31日前将清查结果报送农业部"的要求，自2018年起，各地要在2017年全国农村集体资产清产核资的基础上，开展年度资产清查，并定期上报清查结果。如2018年、2019年度农村集体资产清查工作的做法如下。

（1）年度资产清查登记时点。本次农村集体资产年度清查，登记时点分别为2018年12月31日和2019年12月31日。

（2）2018年度资产清查事项说明。鉴于全国农村集体资产清产核资工作刚结束不久，现阶段农村集体资产状况基本摸清，2018年度农村集体资产清查工作及报表填报种类简化。

农村集体经济组织只需填报资产负债表（组织类）（农清明细19-1）、资产负债表（全资企业类）（农清明细19-2）、资产负债表（合并报表）（农清明细19-3）及资源性资产清查登记总表（农清明细20）共4张报表。报表中的"2017年核实数"，由全国农村集体资产管理系统（以下简称"系统"）根据2017年农村集体资产清产核资报表中的清查核实数自动导入；"2018年核实数"需根据农村集体经济组织当年集体资产现状，结合年底资产负债表相关数据分析填报，如与"2017年核实数"完全相等，可选择一键导入。

各级农业农村部门填报的资产负债汇总表（组织类）（农清汇总01-1）、资产负债汇总表（全资企业类）（农清汇总01-2）、资产负债汇总表（合并报表）（农清汇总01-3）和资源性资产清查登记汇总表（农清汇总02）等4张报表由系统自动汇总生成并逐级审核上报。

（3）2019年度资产清查事项说明。

一是清查工作要求。2019年度农村集体资产清查及报表填报参照2017年全国农村集体资产清产核资。各级农业农村部门要指导集体经济组织按照《通知》中的清查对象、范围和各类资产清查的要求，就资产变动情况进行清查核实，及时更新。清查结果要向农村集体经济组织全体成员公示，并经成员大会或成员代表大会确认。

二是清查报表填报。农村集体经济组织需在系统中填报2019年度农村集体资产清查报表，共涉及货币资金清查登记表、短期投资清查登记表等28张报表（农清明细01至农清明细20）。为了便于填报，短期投资清查登记表-资源性资产清查登记明细表（农清明细 02 至农清明细 18），表内在"备注"列后增加一列"2017 年核实数"，相关事项内容和数据由系统自动导入；资产负债表（组织类）（农清明细 19-1）、资源性资产清查登记总表（农清明细 20）相关数据，由系统自动汇总生成。农村集体经济组织需认真对照 2017 年农村集体资产清产核资历史数据，并根据其 2019 年资产现状和年底资产负债表等相关数据填报，资产、负债、所有者权益、待界定资产及资源等发生变动的可直接在该行次进行修改或删除，新增的事项依次在最后一行次进行填报。

各级农业农村部门填报的资产负债汇总表（组织类）（农清汇总 01-1）、资产负债汇总表（全资企业类）（农清汇总 01-2）、资产负债汇总表（合并报表）（农清汇总 01-3）和资源性资产清查登记汇总表（农清汇总 02）等 4 张报表由系统自动汇总生成并逐级审核上报。

三是报表表式调整。2019 年度农村集体资产清查报表格式以 2017 年全国农村集体资产清产核资报表为基础，仅对个别报表进行调整和完善。固定资产清查登记表（农清明细 08）在"账面数"栏增加"固定资产清理"；"核实数"栏增加"数量或建筑面积""原值""已提折旧""净值""固定资产清理"；资产负债表（组织类）（农清明细 19-1）、资产负债表（合并报表）（农清明细 19-3）、资产负债汇总表（组织类）（农清汇总 01-1）、资产负债汇总表（合并报表）（农清汇总 01-3）附报中的"全资子公司所有者权益"指标删除。

三、确资

1. 农村集体资产产权的界定与确权

（1）集体资产进行产权界定。一是按照该资产取得时使用的资金来源，如为集体自有资金则为集体资产，如不是集体资金，则该资产要明确其所有权后确定；二是按照资产所有权属性来划分。

（2）农村集体资产所有权确权。根据农业部等九部委印发的《农村集体资产清产核资办法》有关规定，集体经济组织资产所有权界定工作由县级政府组织实施。农村集体资产所有权确权要区分不同层级进行。

属于村农民集体所有的，要把集体资产所有权确权到村集体经济组织成员集体，并依法由村集体经济组织代表集体行使所有权。未成立集体经济组织的由村民委员会代表集体行使所有权。

分别属于村内两个以上农民集体所有的，要把集体资产所有权确权到村内各该集体经济组织成员集体，并依法由村内各该集体经济组织代表集体行使所有权，未成立集体经济组织的由村民小组代表集体行使所有权。

属于乡镇农民集体所有的，要把集体资产所有权确权到乡镇集体经济组织成员集体，并依法由乡镇集体经济组织代表集体行使所有权。

农村集体资产权属有争议，由当事人协商解决；协商不成的，可以向乡镇人民政府、街道办事处申请调解；调解不成的，可以向县级人民政府农业行政主管部门申请调解。当事人也可以依法直接向人民法院提起诉讼。农村集体资产权属争议涉及土地等自然资源所有权、使用权的，按照有关法律、法规执行。

2. 农村集体资产核实

（1）农村集体资产的核实。行政村、组清产核资工作小组组织由村务监督委员会或村民主理财小组、各村民小组组长和村民代表参加（已参加集体资产清理小组的不得兼任集体资产核实小组成员）核查组，负责对清理登记的集体资产情况进行逐项逐笔核实，重点核实集体资产的数额、权属、台账与实物、处置与管理等情况。经核实后的资产，要做到数额无误，产权明确，现状清楚。

（2）清产核资中查出的问题的处理。资产清查必须取得或者填制相关的证明材料，由清查人员签字负责。对清查中遇到的问题，要按照尊重历史与民主决策的原则，集体研究处理。

账实不符资产的处理：对有物无账的固定资产或价值不清的其他资产，按市场价确定价值，并由乡镇街道、村有关人员共同确认；需要评估确定的，聘请有资质的评估机构进行评估。对报废、有账无物的不实资产，由村清产核资小组拟定处理意见，经公示无异议后，报乡镇农经管理部门批准方可调整。

账账不符资产的处理：出现账账不符事项时，必须认真查看该事项的单据、合同或者协议等有关资料，查清不符原因，直到相关当事人认可，方可进行资产调整。

对权属不清、存在争议的资产、资源的处理：由村清产核资小组拟定处理意见，对公示后群众认可的权属暂时予以登记，同时上报乡镇农经管理部门，其他的待权属明晰后再作调整。

对侵占集体资金和资产的要如实退赔，涉及违法违纪的移交纪检监察机关处理，构成犯罪的，移交司法机关依法追究当事人的刑事责任。

第二节　确　权

一、要求

在农村集体资产改革中，农民最为关心就是能不能确权到自己身上，那么究竟农村集体资确权有哪些要求？

一是尊重历史，兼顾现实，实事求是，依法依规。

二是严格按照产权归属，不能打乱员集体所有的界限。

比如，需要按层级确权到成员集体：

组级：确认给组级农村集体经济组织成员集体；

村级：确认给村级农村集体经济组织成员集体；

镇级：确认给镇级农村集体经济组织成员集体。

二、确权做法

第一，分别属于村内两个以上农民集体所有的，要把集体资产所有权确权到村内各该集体经济组织成员集体。

第二，对于政府拨款、减免税费等形成的资产，要把所有权确权到农村集体经济组织成员集体。

第三，混合所有制方式形成的资产，按各方出资比例或约定的股权比例确认所有权。

第四，所有权发生纠纷的，可列为待界定资产。

由此可见，农村集体资产确权只能确给农民所在集体，是不能确给农民个人的。

根据《农村集体资产清产核资办法》有关规定，集体经济组织资产所有权界定工作由县级政府组织实施。农村集体资产所有权确权要按以下情况区分不同层级。

（1）属于村农民集体所有的，要把集体资产所有权确权到村集体经济组织成员集体，并依法由村集体经济组织代表集体行使所有权。未成立集体经济组织的由村民委员会代表集体行使所有权。

（2）分别属于村内两个以上农民集体所有的，要把集体资产所有权确权到村内各该集体经济组织成员集体，并依法由村内各该集体经济组织代表集体行使所有权，未成立集体经济组织的由村民小组代表集体行使所有权。

（3）属于乡镇农民集体所有的，要把集体资产所有权确权到乡镇集体经济组织成员集体，并依法由乡镇集体经济组织代表集体行使所有权。

第三节 确 人

一、确定农村集体经济组织成员

农村集体经济组织成员一般是指依法、依规取得本集体经济组织所在地常住农业户口，已经取得或者具有土地承包经营资格，在本集体经济组织内生产、生活的人员。

二、界定农村集体经济组织成员身份

农村集体经济组织成员身份认定涉及其在产权改革中是否具有对集体资产的所有权和处置分配权，因此，界定集体经济组织成员身份对其长远切身利益有着极其重大的关系。

三、界定农村集体经济组织成员应当遵循的原则

应当遵循以下原则：①依法依规；②尊重历史；③兼顾现实；④程序规范；⑤群众认可；⑥不溯及既往；⑦身份不重复；⑧静态管理。

四、农村集体经济组织成员资格界定主要依据

应当综合考虑以下因素。
（1）是否具有本集体经济组织农村户籍。

(2）是否按照法律、政策规定的承包方式取得了家庭承包地，或者按照法律、政策规定的承包方式具有承包本集体经济组织土地的资格。

(3）是否与本集体经济组织形成较为固定的生产、生活关系。

(4）是否履行了本集体经济组织成员应尽义务。

五、农村集体经济组织成员资格

农村集体经济组织成员资格的取得方式有以下几种。

1. 初始取得

(1）由人民公社时期原生产队、生产大队社员经改革形成的，且户口一直保留在本集体经济组织所在地的人员。

(2）取得了第一轮并延续取得了第二轮农村土地承包权的人员。

2. 法定取得

(1）父母（包括继父母）双方或者一方是本集体经济组织成员且户口一直保留在本集体经济组织所在地的人员。

(2）因合法的婚姻、收养关系，并将户口迁入本集体经济组织所在地的人员。

(3）因国家建设或其他政策性原因，将户口迁入本集体经济组织所在地的人员。

(4）经司法机关判决认定属于本集体经济组织成员的人员。

(5）其他将户口迁移至本集体经济组织所在地居住，能够承担相应义务和交纳公共积累，经本集体经济组织成员会议（或成员代表会议）2/3 以上同意，接纳为本集体经济组织成员的人员。

3. 申请取得

符合法律、法规、政策和本集体经济组织章程有关规定，经申请人自愿书面申请,按照民主议事程序,由本集体经济组织成员大会讨论,经 2/3 以上人员表决同意通过,经公示 7 个工作日无异议后取得成员资格,并报乡镇人民政府(街道办事处)备案。

六、保留农村集体经济组织成员资格

原为本集体经济组织成员,并且符合下列条件之一的,保留其本集体成员资格。

(1) 原籍在本集体经济组织的现役士兵和现役士官。

(2) 原籍在本集体经济组织的大中专院校在校学生(含全日制在读硕士生、博士生)。

(3) 原籍在本集体经济组织的限制人身自由的人员(含服刑人员)。

(4) 妇女离婚或丧偶后,未通过再婚或其他方式丧失本集体经济组织成员资格的人员。

(5) 符合法律、法规、政策规定,或者经本集体经济组织认定保留的其他人员。

七、丧失农村集体经济组织成员资格

原为本集体经济组织成员,并且符合下列条件之一的,丧失其本集体成员资格。

(1) 死亡或被依法宣告死亡的人员。

(2) 已依法或申请取得其他集体经济组织成员资格的人员。

(3) 以书面形式自愿申请放弃本集体经济组织成员资格的人员。

(4) 本集体经济组织依法解散的。

(5) 户口迁出本集体经济组织,且不符合保留成员资格规

定的人员。

（6）其他法律、法规和政策规定的情形。

八、农村集体经济组织成员资格界定应遵循的程序

成员资格界定应严格遵循下列程序。

（1）成立村集体经济组织成员调查、登记领导小组，具体负责界定工作。

（2）由村产权改革领导小组发布开展集体经济组织成员登记公告，明确登记对象、登记基准日、登记时间、登记方式等内容。

（3）召开村民（代表）会议研究制定村集体经济组织成员身份界定方案、村集体经济组织成员界定办法，报乡镇审核后实施。

（4）填写农村集体经济组织成员摸底登记表，主要包括姓名、性别、出生日期、身份证号码、户籍所在地、户籍变动情况、类型等内容。

（5）根据成员身份界定办法，结合摸底登记表，确定本集体经济组织成员，在村务公开栏进行公示。

（6）成员界定调查登记小组对终榜公示确定的集体经济组织成员要入户确认，由户主代表家庭成员在集体经济组织成员确认登记表上签字认可。

（7）成员资格界定所有书面会议材料、书面证明材料、书面文件资料以及影视照片等，必须全部纳入档案管理并长期保存。

（8）集体经济组织要将经终榜公示确定的集体经济组织成员名册，以及村民（代表）会议记录、公示证明材料、成员调查登记表等相关材料上报乡镇人民政府（街道办事处）备案。

九、农村集体经济组织成员与村民的区别

村民是一个与地域相连的社会学的概念，一般是指长期居住在农村里的居民，集体经济组织成员是一个与产权相连的经济学的概念。根据现行法律、法规和政策规定，只有具备农村集体经济组织成员身份，才能享有土地承包经营权（含集体林地、草地承包经营权）、宅基地使用权、集体收益分配权，以及对集体经济组织经营活动的民主管理权。不具备本集体经济组织成员身份的村内其他居民，不能享受集体经济组织成员权利，但可以作为村民自治组织成员享有对本村公共事务和公益事业的民主选举、民主决策、民主管理、民主监督等权利。

第四节　确　股

2020年7月，习近平总书记在吉林考察时强调，要深化农村集体产权制度改革，发展壮大新型集体经济。作为全面深化农村改革的重要内容，农村集体产权制度改革是一项管全局、着长远、治根本的重大改革，是实施乡村振兴战略的重要制度支撑。我们要全面贯彻落实党中央决策部署，深化农村集体产权制度改革，不断发展壮大新型集体经济。

一、完善农村集体资产股份权能

切实赋予农民集体资产股份权能是农村集体产权制度改革的核心内容。从试点情况来看，农村集体资产股份权能改革对农业农村发展及农民增收发挥了重要的推动作用，形成了良好的经济社会效应。民法总则明确赋予了农村集体经济组织特别法人地位。为此，在"还权于民"基本实现的基础上，还需在"赋能

于民"上多下功夫。

一要加快推进《集体经济组织法》立法进程，妥善处理农村集体经济组织成员资格认定过程中存在的矛盾和问题，使农村集体成员资格认定于法有据、有法可依。重点关注"外嫁女""嫁城女""农转非""入赘婿"等特殊人群的成员资格认定和权益保障，既要防止"两头占"，也要避免"两头落空"。

二要开展多元化的集体资产股权设置模式（如基本股、土地股、贡献股、资金股、奖励股、老龄股等），赋予农村集体成员对集体资产股份的收益权和分配权权能，因地制宜地选择股权管理模式，在起点公平的基础上兼顾效率。

三要健全和完善集体资产股份的价值评估机制，适当调整相关法律法规对集体资产股份抵押权担保的限制性规定，开展农村集体资产产权、股权的抵押、担保及有偿退出，最大程度提升农村集体成员财产权能。农村集体资产股份的转让和有偿退出不可突破社区边界，抵押融资及担保应加强规范化管理。

二、加快推进经营性资产股份合作制改革

经营性资产股份合作制改革是农村集体产权制度改革的重点内容。近年来，一些地方集体经济蓬勃发展，形成了数额较大的经营性资产，但是未能明晰归属、充分赋能、盘活整合，制约了农村集体经济的长远发展。经营性资产股份合作制尚处于初级阶段，需进一步规范程序、完善治理、扩大试点范围。

一要重点抓好清产核资和股份合作制改革两个关键环节。在清产核资的基础上，将集体经营性资产折股量化到人、确权到户，发展多种形式股份合作，构建集体经营性资产保值增值和集体成员财产权益联结机制，让集体成员共享经营性资产收益。

二要完善治理机制，延伸改革效能。对于改革后的新型集体

经济组织，要厘清与村民委员会的职责功能和权责关系，依法依规、民主决策，制定组织章程及管理办法，建立健全股东大会、理事会、监事会等组织机构和运行机制。

三要扩大改革覆盖面。将试点范围从集体资产相对较多的城中村、城郊村和经济发达村等地区，逐步推广到村里有资产、群众有意愿的村。对于无经营性资产或经营性资产较少的村，应认真做好清产核资、界定成员等工作，为日后开展改革做好准备。

三、农村集体产权制度股权设置办法

（一）集体股份的分配

集体股份的分配见《21世纪经济报道》。

农村产权制度改革试点：集体股份如何分配？
时间：2017年09月27日　来源：21世纪经济报道

近日，农业部、中央农办确定北京市海淀区等100个县（市、区）为2017年度农村集体产权制度改革试点单位。农村集体股份如何分配成为大家迫切想了解的问题。

据了解，农业部、中央农办要求各试点地区要全面开展农村集体资产清产核资，全面强化农村集体资产财务管理，重点在确认农村集体成员身份、有序推进经营性资产股份合作制改革、赋予农民对集体资产股份权能、发挥农村集体经济组织功能作用、多种形式发展集体经济等5个方面进行积极探索。

9月26日，由华中师范大学中国农村研究院主办的"将改革进行到底"地方经验报告会在北京召开，参与上一轮农村集体产权制度改革试点的部分地方，分享了其试点经验。华中师范大学中国农村研究院院长邓大才认为，从地方改革创新实践情况来

看，部分地方已经形成了可辅助、可推广、可学习的制度经验。

摸清家底是基础

作为此轮农村改革的主要对象，农村集体资产被认为主要有三类：集体所有的土地等资源性资产；第二类是用于集体统一经营的经营性资产；第三类是用于公共服务的非经营性资产。

实际上，早在2015年5月，我国就已开始在29个县（市、区）进行农民股份合作、赋予农民集体资产股份权能改革试点。而在2016年12月底，中共中央、国务院发布《关于稳步推进农村集体产权制度改革的意见》（以下简称《意见》），对盘活集体资产、维护农民成员权利的重大改革任务作出了总体的纲领性部署。

今年初，农业部部长韩长赋在接受媒体采访时表示，目前，我国农村集体经济组织积累了大量资产。对于大量的集体资产，如果不盘活整合，就难以发挥应有的作用；如果不尽早确权到户，就存在流失或者被侵占的危险。推进这项改革非常必要、非常紧迫。

包括农村土地确权颁证在内，对集体资产的清产核资，被认为是加快农村土地流转，实现农业规模经营的前提条件。《意见》当中提出，力争用三年左右的时间基本完成全国农村集体资产的清产核资。

以农村土地承包经营权确权登记颁证工作为主的资源性资产清查中，部分工作已经接近完成。根据农业部公布的数据，截至7月底，全国农村承包地确权面积已完成10.5亿亩，约占二轮家庭承包耕地面积的80%。山东、宁夏、安徽、四川4省（区）已基本完成。

这对于农村集体产权制度改革的推动毋庸置疑。清华大学中国农村研究院调查显示，在2012—2016年间受其调查的200余个村中，完成确权的受访村平均流转承包地392.5亩，是总体平均流转规模的4.9倍。受访农户流转土地平均收益为3 542元/年。

而从试点经验来看，要为农村集体产权制度改革"摸清家底"，不仅需要完成集体"三资"的清产核资，还需要完成以集体经济组织成员认定标准制定为主的"身份认定"。

以安徽省天长市为例。该市作为全国首批29个试点县市之一，总结提炼了农村集体资产股份权能改革试点操作程序的"18步工作法"，将股份合作制改革过程划分为成立组织制定其方案阶段、清产核资资产量化阶段、成员确认股权配置阶段等6个阶段，并细分成建立领导小组、表决改革实施方案、召开成员代表大会等18个工作步骤。

在成员身份界定方面，天长市规定，成员身份界定应遵循尊重历史、照顾现实、程序规范和群众认可的基本原则，由以村两委成员、监委会成员和村民代表等为成员的试点村工作小组具体负责，自行确定界定身份的基准日，报镇（街道）股改办备案，成员身份界定方案需经村民会议表决通过。

重点突破经营性资产

多位分析人士均向《21世纪经济报道》记者指出，此轮农村集体产权制度改革的重点，是集体经营性资产的股份合作者改革。后者也被认为是如何增加农民的财产性收入的关键。

《意见》指出，要在对集体所有的各类资产进行全面清产核资，健全台账管理制度的基础上，将经营性资产以股份或份额形式量化到集体成员，有序推进经营性资产股份合作制改革，力争用5年左右时间基本完成改革。

以湖北省京山县为例，该县提出了"3342"工作法，通过清地确权、清产核资和清人分类的"三清理"明细底数；以确定资产量化范围、民主决定股权设置和静态管理固化股权的"三步走"固化股权；以规范股权占有、收益分配、有偿退出和股份继承的"四规范"赋予权能，以集体经济股份合作社和土地股份合作社的"两合作"激活要素。

其中，在关键的股权配置环节，该县将全域村庄分为资产主导型、资源主导型、双资兼具型和双资匮乏型村庄，将集体经营性资产和集体经营性资源分别按总额、面积折股到人。

而对于集体经济组织成员，京山县又按照贡献配股、权责对等的原则，对不同历史改革节点、不同搬迁时间节点，不同历史贡献的成员设置不同的分配系数，依劳动年限配股份、依赡养承诺换股权，依历史贡献补资金。

安徽省社会科学院乡镇经济研究所所长谢培秀表示，对于集体组织成员股权分配的具体方式而言，可以有多样化的分配方案，但在总体原则方面，可以比照家庭承包经营制度，实行落实到户的静态固化管理，同时必须保障集体经济组织成员充分的知情权和参与权。

而在解决了集体经营性资产的分配问题后，如何完善现代农业的经营体系，增添农业农村发展的新动能，则成为了地方试点的最终目标。

以天长市的引导适度规模经营政策为例，华中师范大学中国农村研究院的天长市研究团队负责人党亚飞博士告诉记者，天长的适度规模经营经历了三个阶段：第一个阶段农地抛荒严重，农业效率低下，土地流转市场形成，政府开始鼓励土地流转；第二个阶段是调结构，一刀切的奖励政策导致部分农场主盲目扩张，经营不善，政府开始转变补贴政策，重视农业人才的吸引和培养；第三个阶段则是重视经营方式和服务能力，引导适度规模阶段。

党亚飞认为，不同的经营模式，决定着经营规模，经营规模又与服务规模相适应。以农事服务为业务的服务主体影响经营主体的规模。在国家政策和农民实际需求下，政府应当从经营方式和服务能力来综合考虑，做好市场监管和必要的服务，积极引导各类主体，才能形成"适度规模、增产增收"农业经营格局。

（二）农村集体产权制度股权设置办法

以××村为例，说明农村集体产权制度股权设置办法。

××村集体产权制度改革试点工作领导小组
××村集体产权制度改革股权设置办法
来源：××村阳光村务

在认定为集体经济组织成员的前提条件下，本村采取"人"或"人地结合"的方式配置股份。

按照"资产折股，量化到人，固化股权，按股分红"的方法，进行折股量化，并一次性配置给集体经济组织成员。只设个人股，不设集体股。凡本村各村民小组确定股权分配人员，自动过渡确定为本村股权配置人员。股份配置原则上实行一户一证、分户不增、并户不减、配置到人。股权设置方案经村集体经济组织成员（户代表）大会审议通过，张榜公示无异议后，报三溪镇政府备案。

现分别按"人"和"人地结合"设置股权两种方式，提出如下参考模板（请广大村民仔细阅读）。

一、以"人"设置股权

股权设置以"人"为计算基数，以"户"为制证单位，作为村民享受村级集体资产收益分配的依据，实行一户一证，配置到户，并实行"增人不增股，减人不减股"的股权管理办法，保持股份的相对稳定，截至××年12月31日24时，只要在本村拥有户籍确1股。

股权界定对象的认定，遵循"依据法律、尊重历史、兼顾现时，实事求是、公平合理、群众认可"的原则，保障农村集体经济组织成员的合法权益，股权界定基准日为××年12月31日24时，基准日后出生的或入户的人员不再作为计算股权的依据，具体股权享受对象界定如下：

按照"资产折股，量化到人，固化股权，按股分红"的方法，进行折股量化，并一次性配置给符合条件的集体经济组织成员。

（一）特殊情况确股人员

1. 农村集体产权制度改革基准日前，政策内出生但还未上户口的新生儿，正常确股；

2. 违反计划生育政策，但在产权制度改革基准日前接受处理的（需提交缴费发票）正常确股；未接受处理的扣父（母）0.5股，其子女正常确股；

3. 正在服兵役的本村村民，转业后户籍转入本村的正常确股；不转回本村的不确股；

4. 2011年户籍制度改革中已"农转城"转入本集体经济组织的，正常确股；

5. 对户籍在本村的现有五保户正常确股，但死后所享受股权收归集体所有；

6. 其他特殊情况由村民代表大会讨论决定。

（二）不参与确股人员

1. 本集体经济组织非直系亲属外来挂靠人员；

2. 因迁户，向村集体书面承诺，不参与集体收益分配人员；

3. 未办理户籍迁出手续的各级党、政、群机关、事业单位编制内的干部职工，以及国有企业正式职工（包括享受国家待遇的离退休人员）及轮换工；

4. 其他不符合有关法律法规规定享受股权的人员。

其他特殊情况由村民代表大会讨论决定。

二、以"人地结合"设置股权

从1998年二轮土地承包起至××年12月31日24时止，凡在此期间本村民确定为本村集体经济组织成员，按照如下方式配置：

1. 户口是本村原住村民，有承包地的，配置1股；没有承包地的村民，配置0.5股；

2. 户籍制度改革中"农转城"的，在本村有承包地的原住村民，配置1股；在本村没有承包地的原住村民，配置0.5股；

3. 政策性移民落户在本村的村民及其子女配置1股；

4. 户口已转出，正在服义务兵役的本村村民，有承包地的配置1股，没有承包地的配置0.5股（股份暂由集体经济组织保留，待其退伍后，未享受部队或地方安置的予以配置，如果享受部队或地方安置的，股份由集体经济组织收回）；

5. 原就读全日制大中专院校1995年后毕业（含1995年）因国家取消统一分配政策而自谋职业的本村村民，有承包地的配置1股，没有承包地的配置0.5股；

6. 本村全日制大中专院校就读的在校学生，有承包地的配置1股，没有承包地的配置0.5股（结业后，进入各级党、政、群机关、事业单位编制内的干部职工以及国有企业正式职工，由集体经济组织收回股份）；

7. 正在劳教服刑的原本村村民，有承包地的配置1股，没有承包地的配置0.5股（股权证书由农村集体经济组织予以保留）；

8. 已办理"农转非"的原本村村民,有承包地的配置 0.5 股,没有承包地的不予配置;

9. 户籍关系迁出的原本村村民,在迁入地未享受产权改革待遇的(由迁入地出证明),在本村有承包地的,配置 0.5 股,没有承包地的不予配置;

10. 与本村村民已办理结婚证书迁入的对象及其子女,在迁出地未享受产权改革待遇的配置 0.5 股(由迁出地出证明);

11. 与本村村民已办理结婚证书但户口尚未迁入的对象及其户口尚未申报的子女配置 0.5 股(生产生活在本村并承担了相关义务的,出具书面证明未在原籍地享受产权改革待遇,今后若发现原籍地已享受,本村将收回股权);

12. 与本村村民已办理结婚证书的离异村民,户籍已迁入的村民及其随迁子女(子女人数依据法院判决书),有承包地的,配置 1 股,没有承包地的配置 0.5 股;

13. 户籍未迁出的与本村村民离婚的妇女及其依法判决随母的子女,有承包地的配置 1 股,没有承包地的配置 0.5 股;

14. 因离异将户籍迁回的原本村成员,本人及其依法判决的子女,在迁出地未享受产权改革待遇的,有承包地的配置 1 股,没有承包地的配置 0.5 股(由迁出地出证明);

15. 办理过合法领养手续在册子女和 1992 年 4 月 1 日《收养法》实施前领养而未办理领养手续的在册子女,有承包地的配置 1 股,没有承包地的配置 0.5 股;

16. 户籍关系未迁出的本村出国(境)人员,未在国外定居的,有承包地的配置 1 股,没有承包地的配置 0.5 股(股权证书暂由村集体经济组织保留);

17. 经社员代表会议表决,同意给予股权的特殊人员。

说明:以上股权设置办法仅作为各村村民股权设置时参考,

其具体办法由各村成员大会讨论决定。

四、村民变股东

"我是股东啦，村集体经济也有我一份股呢！现在就盼着咱们村集体多收入，我们就能多领取分红！"7月7日，在新疆洛浦县农村集体产权制度改革首届挂牌发证仪式上，该县布亚乡依格孜博斯坦村村民艾则孜·艾合买提举着刚领到大红《股权证》，喜笑颜开地向大家展示着自己的新身份，兴奋地说道。

当日，洛浦县农村集体产权制度改革首届挂牌发证仪式在该县布亚乡依格孜博斯坦村热烈举行。仪式现场，布亚乡依格孜博斯坦村股份经济合作社揭牌，9名村集体股份经济合作社法人代表上台领取了《农村集体经济组织登记证》，15户村集体股份经济合作社股东代表上台领取了《股权证》。

据了解，洛浦县作为新疆试点县，于2019年7月开始全面启动农村集体产权制度改革工作。截至目前，该县已完成研究确定改革模式、制定农村产权制度改革工作方案、集体资产清产核资、村集体经济组织成员身份确定、折股量化、成立股份经济合作组织等系列工作，是新疆10个试点县市中第一个颁发证书的县。

洛浦县副县长张先平说："挂牌发证仪式的举行，标志着我县农村集体产权制度改革迈出了坚实的一步。下一步，我们将继续扎实有序地推进改革，引导农村集体经济组织在管理集体资产、开发集体资源、发展壮大集体经济、服务集体成员等方面更好地发挥职能作用，真正实现村集体'资产'变'资本'、'资金'变'股金'、'村民'变'股东'，让广大人民群众切实受益，最终实现产业兴旺、强村富民。"

第三章 建立流转交易机制

农村产权流转交易市场要建立健全规范的市场管理制度和交易规则，对市场运行、服务规范、中介行为、纠纷调处、收费标准等作出具体规定。实行统一规范的业务受理、信息发布、交易签约、交易中（终）止、交易（合同）鉴证、档案管理等制度，流转交易的产权应无争议，发布信息应真实、准确、完整，交易品种和方式应符合相应法律、法规和政策，交易过程应公开公正，交易服务应方便农民群众。

随着农村改革的深化和发展的需要，越来越多的地方开始探索并建立产权交易市场。

第一节 创新集体产权交易模式

随着劳动力转移和改革的推进，农村产权交易需求明显增长，各地不断创新农村产权交易模式，如"成都模式""武汉模式""株洲模式""聊城模式""潍坊模式"等正在探索的新型模式等，为农业转型升级注入强劲驱动力。

一、成都模式：确权先行财政避险

经成都市政府批准，成都农村产权交易所于2008年10月成立，是全国首家农村产权综合性市场交易所，其主要业务是农村产权流转信息发布以及组织农村产权交易过程。

交易所采取以实物作为定价基础的方式，不以盈利为目的，对转让方不收取交易费用，对受让方只收取交易服务成本费用，以促进农村产权的流转，扶持农村产权市场的健康发展。

交易一般按照"委托授权—形式审查—信息发布—征集受让方—组织交易—成交签约—结算交割—出具鉴证书—变更登记及备案"的程序进行。

需要注意的是成都农村产权交易所只负责确权颁证后及权属登记前的交易过程。产权交易前的确权颁证、交易审批和交易后的权属变更登记或流转合同备案管理等项均在其他各相关政府职能部门进行。也就是说，只有确权、归属明晰的产权才能进行交易。

长期以来，农村各项产权主体不明晰或虚化，是阻碍各项产权流转的重要原因。确权先行，是成都模式的一大创新，这和农村产权制度改革试点有关。2007年6月，国家发改委批准设立成渝全国统筹城乡综合配套改革试验区。2008年1月，成都市政府发布《关于加强耕地保护进一步改革完善农村土地和房屋产权制度的意见（试行）》，拉开了农村产权制度改革的大幕，明确以农村土地确权、流转、创新农村土地产权流转新模式为改革重点。

成都最终选定都江堰市鹤鸣村为改革试点村，鹤鸣村通过对农村承包地、集体建设用地、宅基地的确权颁证明确了权利主体，为顺利实现流转奠定了制度基础。

另外，为降低交易风险，成都市政府出资3亿元，成立成都市农村产权流转担保股份有限公司。作为土地流转行为的担保方，成都市农村产权流转担保股份有限公司承担保护投资者和农民合法权益的义务。一旦出现因企业投资遭受损失，无法按时足够支付流转费时，担保公司负责支付土地租金，当流转方违约时，担保公司要根据担保标的承担相应赔偿责任。

二、武汉模式：拓展融资抵押业务

继成都之后，全国第二家农村产权综合交易所——武汉农村产权交易所于2009年4月建立。武汉农村产权交易所是非营利性公司制企业法人，为农村及涉农各类产权流转交易提供场所设施、信息发布、组织交易等服务，对交易行为进行鉴证。在市场培育期，武汉市财政对交易所实行定额补贴。

武汉农村产权交易所在武汉市农村综合产权交易监督管理委员会的统一监管下，实行"六统一"的管理模式：统一交易规划、统一交易鉴证、统一信息发布、统一收费标准、统一监督管理、统一平台建设，探索出交易—鉴证—抵押的武汉模式，亮点在于凭借产权交易鉴证书可进行抵押贷款，拓展农村产权融资抵押业务，助力规模化集约化农业生产。

针对农业企业资金不足和抵押物不足的特点，武汉农村产权交易所与金融机构和评估公司等中介机构合作，在学习借鉴现有成熟的不动产抵押贷款流程的基础上，开展了农村土地经营权抵押贷款，具体流程为"进行交易—交易鉴证—贷款申请—资产评估—签订抵押贷款合同—办理抵押登记—发放贷款"。产权流转交易成功后，经营者即可获得由武汉农村产权交易所提供的相当于土地经营权证的产权交易鉴证书，据此向银行融资贷款。

武汉农村产权交易所先后出台了农村土地经营权抵押贷款利息补贴办法、水域滩涂养殖权、农村土地经营权、森林资源资产抵押贷款操作指引，对武汉农村产权抵押贷款工作进行了规范。

武汉农村产权交易所使用产权交易鉴证书代替土地经营权进行抵押贷款，算是创新之举，但是，同样也面临着法律效应问题。

三、株洲模式：四级联动盘活闲置资产

株洲创新农村产权流转交易模式

履约担保保障农民权益 四级联动盘活闲置资产

时间：2021年1月27日 来源：株洲日报

（记者：王军 通讯员：余一白）

株洲市在全省率先建成市级农村产权交易平台，并创新"履约担保+四级联动"模式，为农村各类产权流转交易提供支撑。农民吃下"定心丸"，工商资本找到"新捷径"，盘活农村闲置资产实现了"加速跑"。

履约担保 给土地流转拴上"保险绳"

近年来，工商资本加速下乡，但在此过程中，土地流转交易出现的违约、经营不善等导致农民利益受损的情况屡有发生。

此前，国家印发了引导性意见，提出要加强对工商企业租赁农户承包地的监管和风险防范，建立风险保障金制度，防止浪费农地资源，损害农民土地权益。

对此，株洲农村产权交易平台上线之初，就确定了以"政、企、银、交、担、保"模式，引入多家银行机构为农业经营主体提供信贷支持。株洲农村产权综合服务有限公司、建行株洲分行、市融资担保公司三方签订了10亿元信贷支持和10亿元政策性担保战略合作协议。

同时，引入融资担保公司提供农村产权流转履约担保服务，解决了长久以来困扰农户的土地流转履约问题。市农村产权流转交易中心依托市金融控股集团，借助旗下担保、小贷、产业基金公司等金融资源的支持，在交易、鉴证、担保、融资等方面形成互动合作、良性循环，为农业经营主体提供优质金融服务。

"有了履约担保，农户可以放心把闲置资产交出去，流转方可放开手脚发展产业。"株洲农村产权综合服务有限公司相关负责人介绍，履约担保为农村土地流转拴上了"保险绳"、套上了"安全锁"。

四级联动　不遗漏一颗"珍珠"

茶陵县马江镇文江村的闲置农地一直无人问津。村里的信息员收集相关信息后，通过株洲农村产权流转交易平台发布交易信息，很快就被湖南金久时农业科技有限公司负责人郭红卫看中。

在农村产权流转交易过程中，株洲市首创"市县两级交易，市县镇村四级联动"的农村产权流转交易服务模式，即在市、县两级建立交易场所，在乡镇一级建立服务站，在村社一级设立服务点。

目前，全市已完成市级过渡性交易场所建设，办公地点设在市民中心，配备了人员，搭建了系统，制定了各类交易办法和交易细则，已经正式投入运营。

县级平台正在抓紧建设中，办公地点设在各县市区政务中心，县级工作人员已部署到位，业务人员已正常开展工作。乡镇服务站、村社服务点建设也在积极对接协调，并指定 1 名村干部作为信息采集员承办相关业务。

据了解，株洲农村产权流转交易中心可为农村承包土地经营权、农村闲置住宅使用权、林权、"四荒"使用权、农村集体经营性资产、农村集体经济组织股权、农业生产设施设备、农村小型水利工程所有权与使用权、农业类知识产权等农村产权流转交易提供服务。

株洲农村产权综合服务有限公司相关负责人介绍，四级联动能够充分调动各方的积极性，实现信息的有效对接，可为盘活农村闲置资产打通"最后一公里"。

四、聊城模式：盘活集体资产

第一种模式：产权市场化经营模式。村集体把集体资产资源通过"齐鲁农村产权交易平台"进行规范流转和交易，减少土地纠纷、资产闲置等问题，提高产权交易成功率。同时，利用土地经营权进行抵押贷款，获取更多资金发展经济。通过平台，共计完成土地流转交易563笔、面积6.05万亩，抵押贷款19笔、金额1 349.07万元。

第二种模式："村企共建"经营模式。通过流转土地，与企业合作发展乡村观光旅游、休闲农业等新型农业，盘活集体资源。如汇鑫街道陈庄村，通过与山东泉聚生态农业科技有限公司合作，建设了泉聚苑养生休闲旅游度假区，发展乡村观光旅游、休闲农业，年实现集体经营性收入70余万元。

第三种模式："边角"经济模式。将空闲宅基、房前屋后空地、荒地、坑塘等村内零散闲置资源进行整合，通过发包、租赁等方式盘活，实现村集体和村民双增收。如梁村镇北大杨村，清理闲散宅基51.3亩，引进合作社种植无花果苗木3 000余棵，年集体收入达3万元以上；姜店镇东屯村把荒坑荒片治理与清产核资、人居环境整治相结合，整合对外承包荒坑荒片265亩，村集体年增收16万元。

第四种模式："项目"经济模式。采取土地流转、托管等方法展开土地适度规模经营，引进发展特色农业项目。如三十里铺镇借助土地增减挂政策，整合13个村庄建设新型社区，引进中国锦鲤文旅小镇项目发展现代农业，项目完成后每村集体收入可达10万元以上。

第五种模式："农村电商"经济模式。通过挖掘本地特产资源、民间手工资源，大力发展电子商务，形成"支部+互联网"

经营新模式。如三十里铺镇三十里铺村注册了"马颊河畔""老家味""禅乡斋"三个商标,创办了印象三十里铺电子商务平台,主要经营销售有机空心面、石磨面粉、手工麦秸画、葫芦雕刻、根雕等特色产品,可实现年利润 50 万元以上,按经营者、股东、村集体"532"的分成模式,每年村集体增收 10 万元以上。

五、潍坊模式:创新改革服务"三农"

农村产权交易创新改革　潍坊模式服务"三农"

时间:2016 年 5 月 8 日　来源:齐鲁网

(记者:郑鹏飞)

记者由新闻发布会获悉,齐鲁农村产权交易中心(以下简称中心)是潍坊市委、市政府作为"国家现代农业综合改革试点市",着重创新农村产权,打通"三农"融资通道的重要举措。自批准设立并投入运行以来,潍坊市累计投入财政专项补贴 1 000 万元,山东省投入发展引导资金 30 万元,经过完善发展,已被业界称为农村产权交易的"潍坊模式"。

目前,中心已办理农村产权抵押登记 573 笔,实现农村产权抵押融资 1.65 亿余元,成为山东省唯一的省级综合性农村产权交易机构和全国第一个拥有交易、抵押、融资功能的农村产权交易平台,农村产权制度改革的先行先试的作用日益显现。

齐鲁农村产权交易中心主要经营范围包括:农村土地承包经营权、农村集体林权、水域滩涂养殖权、农村集体股权、农村知识产权"五项交易"及信息发布等相关配套服务。自成立以来,齐鲁农村产权交易中心在农村产权交易和农村金融服务方面进行了创新探索,以创新性的抵押融资模式激活了农村的沉睡资产,打通了资本流向农业农村的重要通道,已在山东省(邹城市、平原县、禹城市)、青海省(海东市)、甘肃省(张掖市)等地区进行了复制推广。

齐鲁农村产权交易中心在建设运营过程中,从三个方面入手大胆创新,打造了具有交易、抵押、融资功能的农村产权交易"潍坊模式"。依托潍坊市各县市区经管局及其乡镇街道经管站,完成全潍坊市的"市、县、镇(街)"三级交易服务体系建设,成为国内同行业具有领先水平的交易系统;打造农村产权"交易鉴证—抵押登记—专业担保—风险补偿—不良处置"的抵押融资链条,打通农村产权抵押融资的通道;发挥农村产权交易平台的综合性优势,打造"一条龙"配套服务链条。齐鲁农交中心强化与农业科研机构、农业龙头企业、资产评估、招投标、审计、拍卖、保险公司等相关机构的合作,探索服务高效、互利共赢的合作模式。

农村产权交易是创新和改革,特别是围绕交易、抵押、融资关键环节实施的机构授权、物权权证确认、银行贷款工作,堪称破冰之举。一方面,潍坊市委、市政府出台《关于加快推进齐鲁农村产权交易中心建设的通知》《关于加快推进农村产权抵押融资工作的意见》,授权齐鲁农交中心作为全市统一的农村产权抵押登记机构,将农村产权抵押范围扩大到土地承包经营权、农村住房、大棚、林权、大中型农机具、农村经营性集体建设用地、地面种植(养殖)物及附属设施、农村集体股权、海域使用权、农村知识产权、农村土地流转收益权、水域滩涂养殖权等12项,将规范流转交易的农村产权赋予抵押融资功能。另一方面,齐鲁农村产权交易中心深化与担保公司、银行等金融机构的务实合作,先后与山东省农业融资担保公司、潍坊市农信联社、潍坊市农商行、农业银行、邮政储蓄银行等10多家金融机构建立了全面战略合作关系，其中，山东省农业融资担保公司与齐鲁农村产权交易中心签署了业务代理合同，潍坊地区的政策性担保业务全部由齐鲁农交中心代为办理，解决了农村产权抵押融资担保和银行贷款的问题。

目前，已为农户办理各类农村产权流转交易1 950余宗，涉及土地流转面积35 600余亩，并在此推动下，积极培育新型农业经营主体，促进农业适度规模经营。下一步，齐鲁农交中心将在全国积极推广自己探索的以"交易鉴证+抵押登记"为核心的农村产权抵押融资模式，把齐鲁农交中心农村产权抵押融资的模式上升为行业标准和国家标准。

齐鲁农村产权交易中心自投入运营以来，"潍坊模式"得到了社会各界的关注和借鉴，已经成为潍坊市"国家现代农业综合改革试点"的试金石，凭借其特有的模式，将源源不断为"三农"发展注入澎湃动力。

第二节 建立完善产权交易市场

农村产权流转交易一般是指农村产权流转交易市场，主要是为各类农村产权依法流转交易提供服务的平台，包括现有的农村土地承包经营权流转服务中心、农村集体资产管理交易中心、林权管理服务中心和林业产权交易所，以及各地探索建立的其他形式农村产权流转交易市场。现阶段通过市场流转交易的农村产权包括承包到户的和农村集体统一经营管理的资源性资产、经营性资产等，以农户承包土地经营权、集体林地经营权为主，不涉及农村集体土地所有权和依法以家庭承包方式承包的集体土地承包权，具有明显的资产使用权租赁市场等特征。流转交易以服务农户、农民合作社、农村集体经济组织为主，流转交易目的以从事农业生产经营为主，具有显著的农业农村特色。流转交易行为主要发生在县、乡范围内，区域差异较大，具有鲜明的地域特点。根据《河南省人民政府办公厅关于引导农村产权流转交易市场健康发展的实施意见》建立完善产权交易市场包括以下几个方面。

一、建立健全市场体系

农村产权流转交易市场包括现有的农村土地承包经营权流转服务中心、农村集体资产管理交易中心、林权管理服务中心和基层水利服务机构，以及各地探索建立的其他形式农村产权流转交易市场。现阶段市场建设以县域为主，要充分发挥现有县、乡、村各级农村产权流转交易平台的作用，加强政府部门之间信息互通、资源共享，推动农村产权顺畅流转交易。

（一）探索建立市级农村产权流转交易平台

省辖市根据实际情况逐步完善农村产权流转交易市场体系，搭建产权流转交易平台，健全信息网络，积极探索新的市场形式，加强对基层农村产权流转交易市场的业务指导，促进市场健康发展。

（二）推进县级农村产权流转交易市场建设

充分发挥现有农村产权流转交易市场作用，完善信息发布、交易咨询等服务，拓展资产评估、抵押担保等功能，强化服务意识，提高服务能力，促进产权流转交易。农村产权流转交易市场可以独立运行，也可以在行政服务中心设立服务窗口。有条件的地方要整合现有各类流转服务平台，建立具有综合服务功能的农村产权流转交易中心。

（三）完善乡镇和村级服务网络

乡镇依托区域农技推广站、农业服务中心等，健全农村产权流转交易平台，加强政策宣传，完善服务功能，简化办事程序，突出便民利民,为产权流转交易提供高效服务。可单独组织交易,也可上报县级平台交易。村民委员会和农村集体经济组织要收集产权信息,加强沟通协调,做好农村产权流转等相关工作。

充分利用乡、村级信息平台和服务网络,畅通农户和各种农业服务组织之间的沟通渠道,加强信息交流,为农业生产和农村农民提供全方位服务。

二、交易品种与交易主体

(一) 交易品种

法律没有限制的品种均可以入市流转交易,现阶段主要包括以下八类交易品种。

1. 农户承包土地经营权

以家庭承包方式承包的耕地、草地、养殖水面等经营权,可以采取出租、入股等方式流转交易,流转期限由流转双方在法律规定范围内协商确定。

2. 林权

集体林地经营权和林木所有权、使用权,可以采取出租、转让、入股、作价出资或合作等方式流转交易,流转期限不能超过法定期限。

3. "四荒"(荒山、荒沟、荒丘、荒滩)使用权

农村集体所有的"四荒"使用权,采取家庭承包方式取得的,按照农户承包土地经营权有关规定进行流转交易;以其他方式承包的,其承包经营权可以依法采取转让、出租、入股、抵押等方式进行流转交易。

4. 农村集体经营性资产

由农村集体统一经营管理的经营性资产(不含土地)的所有权或使用权,可以采取承包、租赁、出让、入股、合资、合作

等方式流转交易。

5. 农业生产设施设备

农户、农民合作组织、农村集体和涉农企业等拥有的农业生产设施设备，可以采取转让、租赁、拍卖等方式流转交易。

6. 小型水利设施使用权

农户、农民合作组织、农村集体和涉农企业等拥有的小型水利设施使用权，可以采取承包、租赁、转让、抵押、股份合作等方式流转交易。

7. 农业类知识产权

涉农专利、商标、版权、新品种、新技术等，可以采取转让、出租、股份合作等方式流转交易。

8. 其他

农村建设项目招标、产业项目招商和转让等。

(二) 交易主体

凡是法律、法规和政策没有限制的法人和自然人或其他组织均可以进入市场参与流转交易，具体准入条件按照相关法律、法规和政策执行。农户拥有的产权是否入市流转交易由农户自主决定，任何组织和个人不得强迫或妨碍自主交易。一定标的额以上的农村集体资产流转必须进入市场公开交易，防止暗箱操作。产权流转交易的出让方必须是产权权利人或受产权权利人委托的受托人。除农户宅基地使用权、农民住房财产权、农户持有的集体资产股权外，流转交易的受让方原则上没有资格限制。对工商企业进入市场流转交易，要依据相关法律、法规和政策，加强准入监管和风险防范。

三、业务范围

业务范围包括农村土地承包经营权、林权、农村房屋所有权、集体建设用地使用权、农村集体经济组织股权、农业类知识产权等农村产权的交易；农村土地综合整治腾出的集体建设用地挂钩指标、占补平衡指标的交易；资产处置等。

农村产权流转时，以土地承包经营权为例，首先土地的权属要明晰，农民必须自愿转让，受让方则要具备农业投资、经营能力，而且流转的项目还要符合国家法律法规、环保政策和农业产业发展规划。

而在具体操作的流程上，以土地承包经营权为例，农户或集体组织将已确权颁证的土地在产权交易所发布信息，行政主管部门确定是否符合交易条件。确认后，土地信息通过网络平台对外发布，流转形式可以是转让、出租、入股，还可以抵押融资。产权交易所则组织投资者通过电子竞价、拍卖、招投标等方式投资土地经营。

农村产权交易中心作为农村集体资产、资源交易和集体资金采购的公共交易平台，为农村集体资产、资源交易和集体资金采购提供场所设施、信息发布、交易鉴证、资金结算等服务，并提供政策咨询、项目包装、业务培训、价格指导、资产评估、投融资、招投标等相关配套服务，负责接受竞投意向人的咨询和报名，审查竞投意向人资质，指导交易合同签订，保存管理农村集体资产交易文件和交易活动记录等档案资料，记录交易主体的诚信情况。下面主要以3个农村产权交易中心为例介绍业务范围。

1. 上海农村产权交易所

上海农村产权交易所是经上海市人民政府批准设立的市级综合性农村产权交易服务平台，集信息发布、产权交易、法律咨询、资产评估等功能于一体。服务范围除农村产权交易外，还涵盖了法律允许范围内各类市场主体的产股权、实物资产交易，科技创新成果转让，以及其他创新形式的产权交易。上海农村产权交易所专业服务团队为各类市场主体提供生产力提升方案设计、市场推广策划、增资扩股、投行服务等个性化增值服务。

业务范围：农村产权交易平台为各类农村产权提供信息发布、产权交易、法律咨询、资产评估等综合服务。交易品种主要包括：农户承包土地经营权、林权、"四荒地"使用权、农村集体经营性资产、农业生产设备、小型水利设施使用权、农业类知识产权等。

上海农村产权交易所在相关法律政策允许范围内，为各类市场主体的事务资产、股权、债权、知识产权等权益提供信息发布、交易组织、交易结算等产权交易服务。并由专业服务团队携手相关专业机构在交易的各个环节提供方案设计、审计评估、法律咨询等规范、细致的综合配套服务。

作为上海联合产权交易所的专业子平台，上海农村产权交易所发挥自身优势为各类产权交易提供专业、高效的产权交易服务。同时，在传统产权交易服务领域之外，还根据各类市场主体的需求提供企业改制、增资扩股、并购重组、资产处置、流程再造等个性化专业定制服务。

2. 河北省农村产权交易中心

河北省农村产权交易有限公司是经河北省委深化改革领导小组和省政府批准依法成立的，是国办发〔2014〕71号文件印发后成立的第一家省级农村产权交易市场。

功能定位：该中心发布全省农村产权交易信息，组织跨区域和大宗农村产权流转交易，发挥信息传递、价格发现、交易中介的功能。指导全省农村产权交易市场建设，为县级交易平台提供共有环节的标准化服务。建立全省农村产权流转交易数据库，为新型农业经营主体规模化生产经营提供服务，为政府指导农村经济发展提供参考依据。与京津农村产权交易市场对接，推进京津冀协同发展，建设面向全国的农村产权交易市场。

服务宗旨：坚持为农服务宗旨，突出公益性，对农户和农村集体经济组织免收交易服务费。坚持公开透明、自主交易、公平竞争、规范有序，保障交易主体的合法权益。

经营范围：为涉农各类产权的流转交易提供网络平台、场所设施、交易鉴证、产权质（抵）押和融资服务等。

交易品种：农户承包土地经营权、林权、"四荒"使用权、农村集体经营性资产、农村集体经济组织股权、农业生产设施设备、小型水利设施使用权、农业类知识产权、农村宅基地使用权、农村生物资产、农村建设项目招标和产业项目招商转让等。

运营模式：省级平台负责交易平台建设，业务指导、监督，制定交易规则和制度。县级供销社搭建县级交易平台，负责本区域的信息发布、撮合交易、交易鉴证，协调做好评估、产权质（抵）押、担保、融资等服务工作。基层社建立服务站，负责信息收集、上传，协调交易双方洽谈。逐步建立起覆盖全省的市场服务体系，按照软件系统、交易规则、交易鉴证、合同制式、交易监管、信息发布、诚信建设"七统一"管理模式，实行一体化运营。

经营理念：秉承"依法交易，服务三农"的理念，以市场为导向，以创新为手段，发挥供销社的独特优势，为农村产权提供评估、质（抵）押、担保、融资等服务，逐步打造成集信息发布、产权交易、法律咨询、资产评估、抵押融资等为一体的为农服务平台，让市场在资源配置中起决定性作用，促进农村生产要素合理、有序流动，推动农村经济社会健康发展。

3. 成都农村产权交易所

成都农村产权交易所是成都市政府于2008年10月13日在全国率先挂牌成立的农村产权流转综合服务平台，秉承"以创新为手段，以市场为导向"的发展理念，在建设用地指标、集体建设用地、农村土地综合整治及多项农村产权服务中探索全新的服务模式，建立配套完善的交易制度和规则，通过信息集成、要素集成、服务集成，创新实践统筹城乡发展，以公开、公平、公正的阳光服务助推"三农"发展。2014年底，农交所完成股权划转，由成都投控集团和成都农发投公司持股，注册资本金已达到5 000万元，进一步完善了公司治理结构，在向建立现代企业体制的道路上迈出了一大步。

成都农村产权交易所在市委市政府的领导下，严格遵守国家现行法律制度，规范开展交易服务；但同时又改革创新，以破解"三农"难题、促进城乡统筹为目标，不断探索农村产权制度改革中重大问题的突破，为产权依法流转、要素对接资本、资本发展产业、产业引导富民创新经验和模式。为充分发挥平台优势，成都农村产权交易所将继续按照"六统一"模式，搭建系统健全、体制顺畅、功能完善、覆盖面广的综合服务平台，将人才优势、政策优势、信息优势和产权金融优势作为核心竞争力，在确保现有业务继续健康发展的基础上，力争在全面拓展各项涉农产业交易，通过打造集体制度创新、政策研究、信息集成、交易组织、经纪管理、诚信监管、产业资讯、评估公证、法律援助、产权仓储、金融担保、网络结算、价格发布等多功能、多机构于一体的产权交易所集团。

第三节 建立健全产权交易规则

农村集体资产交易，是指将农村集体资产进行承发包、租赁、出让、转让以及利用农村集体资产折价入股、合作建设等交易行为。集体资产交易应遵循以下原则：

（1）平等协商、自愿、有偿，任何组织和个人不得强迫或者阻碍农村集体和承包方进行集体资产的流转交易；

（2）不得改变土地所有权的性质；

（3）流转集体资产的期限不得超过承包期的剩余期限。

建立健全产权交易规则，主要包括交易程序、交易规范和监管、交易方案及交易细则。

一、交易程序

（1）权利人参与农村产权流转交易，在所在地的流转交易中心或服务站点提交申请，也可依法委托办理流转交易申请。

（2）申请出让农村产权，应提交下列材料：①出让申请书；②标的权属证明，涉及不动产的提供不动产权属证书；③权属所有人身份证明；④需履行内部决策程序或审批程序的，提交内部决策同意出让的证明文书或审批文件；⑤出让标的需原产权权利人同意的，提交原产权权利人同意出让的证明文书；⑥委托代理的，应提交授权法律文书；⑦法律、法规、规章和国家政策规定需提交的其他材料。

出让方对所提交材料的真实性、完整性、合法性、有效性负责，并承担相应的法律责任。

（3）申请受让农村产权，应提交下列材料：①受让申请书；②受让方身份证明；③需履行内部决策程序或审批程序的，提交内部决策同意受让的证明文书或审批文件；④委托代理的，应提交授权法律文书；⑤法律、法规、规章和国家政策规定需提交的其他材料。

受让方对所提交材料的真实性、完整性、合法性、有效性负责，并承担相应的法律责任。

（4）出让申请按以下程序办理：①流转交易中心受理申请，

对资料齐全的进行受理登记；②流转交易中心对申请资料进行审核，流转交易中心协调相关行政部门及单位对标的权属等进行核实，相关行政部门及单位在5个工作日内将核实结果反馈给流转交易中心。

审核通过的，由流转交易中心公开发布信息并组织流转交易；审核未通过的，终止流转交易流程，由流转交易中心及时告知申请人。

（5）受让申请按以下程序办理：①流转交易中心受理申请，对资料齐全的进行受理登记；②流转交易中心对申请资料进行审核。流转交易中心会同相关行政部门在5个工作日内依法完成对受让申请人的市场主体信息审查。

审核通过的，由流转交易中心公开发布信息并组织流转交易；审核未通过的，终止流转交易流程，由流转交易中心及时告知申请人。

法律、法规对交易主体资格没有限制的，流转交易中心可直接发布信息、组织交易。

（6）交易项目成交后，流转交易中心组织交易双方签订规范合同。根据合同约定，流转交易中心组织交易双方进行价款结算。

（7）流转交易中心应向出让方和受让方出具交易鉴证书，并将成交情况在流转交易中心公告。

（8）涉及权属变更的，流转交易双方持交易鉴证书等申请材料向有关部门申请办理农村产权登记业务。

（9）为减轻农民负担，流转交易中心对进行流转交易的农户和农村集体经济组织免收服务费用，对其他交易主体收取费用，收费标准向社会公开。

二、交易规范和监管

（1）农村集体资产流转交易和农村集体建设项目招标未进入流转交易中心统一公开进行的，由相关部门追究当事人责任。认定为侵犯农村集体资产的，按相关法律、法规追究责任。

（2）流转交易中心应推行农村产权流转交易信息化管理，使用规范、统一的格式文书，规范组织农村产权流转交易活动。

流转交易中心应实行专户储存、专账核算的资金管理方式，加强资金监管，防范交易风险。

（3）农村集体产权流转交易收益应纳入本集体经济组织账户，按照农村集体资产管理规定使用和管理。

（4）流转交易中心应对市场主体从事农村产权流转交易活动的信用情况进行记录。推行农村产权流转交易"黑名单"制度。

（5）在流转交易中心进行的农村产权流转交易过程中发生纠纷的，当事人应依法解决，可以通过协商解决，也可以请求乡镇政府（街道办事处）、农村集体经济组织（村民委员会）等调解解决。当事人不愿协商、调解，或协商、调解不成的，可以依据双方合同约定申请仲裁或依法向法院提起诉讼。

（6）自然资源、水利、农业农村、市场监管、林业和草原等行政主管部门及乡镇政府（街道办事处）应根据职责分工，对农村产权流转交易前的审批环节及流转交易后的开发利用行为进行监管。

三、交易方法

交易方法参照××镇农村集体资产交易方案（样式）。

××镇农村集体资产交易方案

编号：[2012]（经联社/经济社简称）第　　号

我_____（经联社/经济社）拟将位于_____的_____（物业/农用地/集体建设用地）的_____（使用权/经营权/承包经营权）委托××区××镇农村集体资产管理交易中心进行交易，特制订交易方案如下：

一、资产情况

1. 交易资产类型：（集体建设用地/物业/农用地/其他农村集体资产）。

2. 交易资产坐落位置：_____。

3. 交易资产面积：_____。

4. 交易资产的数量：_____。

5. 交易资产的用途（证载用途）：（农业/商业/工业/建设/居住）。

6. 交易资产的现状：（承包/租赁/闲置/自用）。

二、交易要求

1. 交易方式：（出租/出让/发包）。

2. 交易方式：（招标/拍卖/挂牌/现场递交报价文件/现场举牌竞价）。

3. 行业要求：————————————。

4. 受让人或承租（包）人的条件：_____。

5. 租金/转让款/承包款、竞投保证金、合同履行保证金

（1）起租价/转让底价/投包底价：_____元/月，合计：_____元/年；

（2）租金递增方式：_____。

（3）租金按_____（月/季/年）收取，每（月/季/年）日

前交付当（月/季/年）租金；

（4）竞投保证金为￥_____元（大写：_____），在竞投会举办当日以现金/现金支票形式缴纳，在竞投会举办前_____日以现金/转账/现金支票方式支付。

（5）合同履行保证金为￥_____元（大写：_____），在（合同签订之日支付/合同签订之日起____日内支付/竞得人竞得物业后竞投保证金自动转化为合同履行保证金）；

6. 租赁/承包期限：_____年，自____年____月____日起至____年____月____日止，免租期/基建期：_____月。

7. 合同的签订：自签署《成交确认书》之日起在竞投结果公示期满后____个工作日内签订合同。

三、其他

1. 交易场地：_____。

2. 竞得人确定原则：（价高者得/综合实力评分）（且原租户优先）原则。

3. ××区××镇农村集体资产管理交易中心根据本方案，填写《××镇农村集体资产交易立项申请表》及附件制作的竞投文件，由_____（经联社/经济社）的村民代表及理财小组成员审议、核准，并加盖_____公章。

4. 其他需要说明的情况：_____。

负责人（签名）：
年　月　日

注：1. 本方案所有空格应如实填写，如没有该项内容的，请在空格中填写"无"。

　　2. 本交易方案一式四份，镇交易中心、村交易工作站、申请单位各存一份，申请单位公示一份。

四、交易细则

交易细则见××县农村集体资产流转交易实施细则。

××县农村集体资产流转交易实施细则（试行）

第一章　总则（略）

第二章　交易范围和方式

第六条　农村集体资产及交易项目包括：

（一）法律规定属于农村集体所有的耕地、"四荒"地、林地、草地、水面、滩涂等土地经营权以及经济发展用地、公共设施用地、宅基地等集体建设用地使用权；

（二）通过公共积累、投资投劳所兴办的集体企业资产或者权益，以及通过兼并、分立、有偿转让等方式形成的权益；

（三）农村集体经济组织所有未确权到户的土地、房屋及其他集体资产清产核资后，折股量化到集体经济组织成员的农村集体资产股权；

（四）农村集体经济组织的建筑物、构筑物、农业机械、机电设备、交通工具、通讯工具、农田水利设施、采矿设施、乡村道路和教育、科技、文化、卫生、体育等设施；

（五）农村集体经济组织兴办、控参股、合资、合作的企业以及在联营企业、股份合作企业、股份制企业、中外合资、合作企业和集资建设的项目中，按照合同、协议、章程规定属于集体所有的资产或者权益；

（六）农村集体经济组织所有的牲畜（禽）、林木等生物资产；

（七）国家机关、社会团体、企事业单位、其他组织和个人对农村集体经济组织的无偿拨款、资助、补贴、减免税和捐赠财物等形成的资产；

（八）农村集体经济组织及其企业设立的专项资金，征用集体土地各项补偿费中属于集体所得部分，生产经营者上缴的承包款物、租金及劳动义务工劳动积累形成的资产；

（九）农村集体经济组织及其企业所拥有的商标权、专利权、著作权等无形资产；

（十）农村集体经济组织所有的有价证券、债权等流动资产；

（十一）法律法规规定属于农村集体经济组织所有的其他资产。

第七条 农村集体资产交易范围包括：

（一）农村集体经济组织投资或参与投资工程建设项目，采购大宗物品、设备、材料等，形成新的集体经营性资产所有权的行为；

（二）农村集体经济组织在不改变集体经营性资产所有权的前提下，采取承包、租赁、入股、合资、合作等方式交易，让渡集体经营性资产使用权的行为；

（三）农村集体经济组织采取转让方式流转交易，让渡集体经营性资产所有权的行为；

（四）承包方通过招标、拍卖、公开协商等其他方式取得农村集体资源性资产使用权后的转让、出租、入股、抵押等方式流转交易及再流转的行为；

（五）承包方通过其他方式承包集体资源性资产且经依法登记取得农村土地承包经营权证的权利人，在承包期限之内采取转让、出租、入股、抵押等方式流转交易集体资产的行为。

第八条 交易基本条件：

（一）交易双方必须是具有完全民事权利能力和民事行为能力的自然人、法人或其他组织，且有流转交易的真实意愿；

（二）农村集体资产实行承包、租赁、参股、联营、合资和合作经营的，进行资产拍卖、转让等产权变更的，进行资产抵押以及其他担保的，农村集体经济组织应当委托依法设立的资产评估机构进行资产评估。评估结果应当经本集体经济组织成员会议或者其代表会议确认。

（三）农村集体经济组织变更或者终止集体经营性资产所有权，其集体资产数额较大的，须经三分之二以上成员或者三分之二以上代表同意。

集体资产数额较大的具体限额，由县级人民政府农业行政主管部门确定。

（四）农村集体资源性资产受让方应当具有相应的农业经营能力；

第九条 法律规定其他限制权利交易的或原交易合同约定事项尚未完结的禁止交易。

第十条 交易中心可以采取下列方式组织交易：

（一）协议方式；

（二）招标、拍卖、网络竞价等竞价方式；

（三）法律、法规规定的其他方式。

第三章 受理出让申请

第十一条 出让申请人向交易中心提出申请，按照要求提交纸质文档材料，并对所提交材料的真实性、完整性、合法性负责。

第十二条 申请出让农村集体资产，出让方可以直接或通过经纪会员向农村产权交易机构申请交易并提交下列材料：

（一）出让申请书；

（二）标的物权属证明；

（三）权属所有人身份、资格证明；

（四）需履行内部决策程序或审批程序的，提交内部决策同意出让的证明文书或审批文件；

（五）出让标的物需原产权权利人同意的，提交原产权权利人同意出让的证明文书；

（六）委托代理的，应提交授权法律文书；

（七）法律、法规、规章和国家政策规定需提交的其他材料。

第十三条 出让申请按以下程序办理：

（一）受理。农村产权交易机构受理农村集体资产交易申请，对资料齐全的进行受理登记。

（二）审核。农村产权交易机构对申请资料进行审核。审核通过的，农村产权交易机构与申请人签署《委托交易协议书》，并在农村产权交易平台公开发布信息和组织交易；审核未通过的，终止交易流程，由农村产权交易机构及时告知申请人。

（三）挂牌。申请交易项目资料齐全的，农村产权交易机构应当自收到资料后五个工作日内完成挂牌信息制作，制作的挂牌信息要真实、准确、详实、规范。

挂牌信息在县农村产权交易平台发布挂牌公告。公告时间一般不得少于十个工作日。同一交易品种再次流转交易的时间间隔不得少于五个交易日。

第四章 受理受让申请

第十四条 凡对出让项目有受让意向者，应在挂牌公告期间直接或通过经纪会员向农村产权交易机构提出申请，按照要求提交纸质文档材料，并对所提交材料的真实性、完整性、合法性负责。

第十五条 申请受让农村集体资产，应提交下列材料：

（一）受让申请书；

（二）身份证明材料，包括个人身份证或营业执照、法人代表身份证；

（三）需履行内部决策程序或审批程序的，提交内部决策同意受让的证明文书或审批文件；

（四）委托代理的，应提交授权法律文书；

（五）法律、法规、规章和国家政策规定需提交的其他材料。

第十六条 受让申请按以下程序办理：

（一）受理。农村产权交易机构受理申请，对资料齐全的进行受理登记。

（二）审核。农村产权交易机构对申请资料进行审核。

审核通过的，由农村产权交易机构公开发布信息并组织交易；审核未通过的，终止交易流程，由农村产权交易机构及时告知申请人。

法律、法规对交易主体资格没有限制的，农村产权交易机构可直接发布信息、组织交易。

第十七条 挂牌期间，农村产权交易机构接受意向受让方的咨询洽谈，对意向受让方能否成为竞买人进行审核，符合条件的受让申请人按要求向农村产权交易机构缴纳交易保证金，保证金缴纳数额由县农经主管部门确定。缴纳保证金的受让申请人由农村产权交易机构确认为可以进场竞价的竞买人；未按要求缴纳交易保证金的受让申请人，视为放弃竞买资格。

第五章 公开发布信息

第十八条 农村产权交易机构根据申请人提交的材料公开发布信息，选择拍卖方式出让的，信息发布时间按照《中华人民共和国拍卖法》执行。选择招标方式出让的，信息发布时间按照《中华人民共和国招标投标法》执行。

第十九条 申请人不得在信息发布期间擅自变更信息中公布的内容。如特殊原因确需变更的，经原批准机构批准后，在原信息发布渠道重新予以公告，信息发布期限重新计算。

第二十条 申请人不得在信息发布期间擅自取消所发布信息，否则应负责赔偿给相关各方造成的损失。

第二十一条 信息发布期间未征集到符合条件的意向出让方或意向受让方，可以延期或在变更流转底价等受让条件后重新进行发布。申请人未明确延长信息发布期限的，本次信息发布活动自行终结。

第二十二条 挂牌信息发布期满后，农村产权交易机构确认的竞买人可以直接进入农村交易平台竞价交易大厅现场或网络竞价，竞买人应当对自己的报价或竞价行为负完全的经济和法律责任。如只产生一个符合条件的受让申请人的，继续征集受让申请人，直至满足竞价要求；有两个或以上受让申请人的，由农村产权交易机构选择招标、拍卖、网络竞价等竞价方式组织交易。设有底价的，在达到底价的基础上，实行价高者竞得的规则，即竞价和挂牌最高报价人为竞得人；集体资产受让方的成交价原则上不得低于该资产标的市场价和评估价。

无竞买人、竞买无效或者交易失败的，农村集体可以在不变更交易条件的情况下申请重新发布交易公告。变更交易条件的，应当按照本细则规定重新申请交易。

第六章 合同签约和款项结算

第二十三条 交易完成后，农村产权交易机构应组织农村集体和竞得人现场书面确认交易结果、签订制式交易合同，为交易双方出具《成交确认书》；因竞得人原因，未与农村集体签订合同的，视为放弃交易，交易保证金按交易规则予以处理。

交易结果须在农村产权交易平台以及政府规定的网络平台和网站予以公告公示，农村集体还应在村务公开栏进行公示。公示时间不得少于五个工作日。公示应当包括：交易项目名称及概况；竞得人；交易时间及成交价格；公示期限；投诉受理机构和联系方式。

第二十四条 凡是进入农村产权交易市场交易的农村集体资产，统一由农村产权交易机构出具《农村产权流转交易鉴证书》，并将成交情况在网站进行公告。涉及产权变更的，交易双方凭《农村产权流转交易鉴证书》及相关书面证明材料到出让方原发证机关办理权属变更手续；无交易鉴证书，相关部门不予办理。

第二十五条 农村产权交易机构对进行交易的农户、农村集体经济组织（指由县级以上政府主管部门颁证认定的集体经济组织）免收服务费用，对其他交易主体按照农村产权交易机构收费标准收取费用。

第二十六条 签订合同后的出让方与受让方通过农村产权交易机构专用账户进行合同价款结算，交易保证金、成交价款等交易款项实行无息结算。

第七章 行为规范

第二十七条 20万元以上的集体建设项目、购置大型或大批设备事项，必须公开招标；20万元以下的，可以在农村产权交易平台竞价交易。

第二十八条 一定标的额以上的农村集体资产须进入农村产权交易市场公开交易。需市级行政主管部门审核的农村集体资金采购项目、农村集体资产流转交易项目、农村集体投资项目须到石家庄市农村产权交易平台公开交易。

县农村集体资产标的进场标准由政府确定，严禁将整体发包（出租）经营的大宗物业和经营项目等通过分割立项、化整为零的方式降级交易。

第二十九条 变更集体资产的交易价格，以资产评估机构评估值为依据；出让价格低于底价和市场价的，需经本集体经济组织成员会议三分之二以上成员或者三分之二以上成员代表审议通过。

第三十条 农村集体资产流转交易过程中，出现下列情形之一的，农村产权交易机构可以作出中止交易的决定，并进行公告：

（一）行政主管部门提出中止交易的；

（二）出让方或与产权有直接关系的第三方提出正当理由，并经行政主管部门批准的；

（三）竞投人有弄虚作假、串通竞投、行贿、敲诈勒索、威胁他人等嫌疑，且需调查确认的；

（四）交易机构认为有必要，并经有关监管部门或机构同意的；

（五）其他依法应当中止交易的情形。

第三十一条 鼓励和支持农村集体经营性建设用地使用权在农村产权交易平台公开交易。农村产权交易机构不对进场交易的农村集体资产的质量瑕疵、权属合法性瑕疵以及合同违约等风险承担法律责任。

第八章　交易管理与监督

第三十二条　行政主管部门应当按照相关法律、法规、规章、制度的规定,对农村集体资产交易活动进行监管。县人民政府应当将农村产权交易平台集体资产交易情况纳入农村廉政监管系统,进行动态监管。农村集体资产进行交易时,村"两委"、农村集体经济组织及企业理事会(董事会)、民主理财监督小组(监事会)、村务监督委员会可以派员到场见证监督;民主理财监督小组(监事会)、村务监督委员会发现违规交易行为,或者接到相关投诉、举报的,应及时向主管部门报告。

第三十三条　在交易过程中,发现有下列行为的,农村产权交易机构不予流转交易:

(一)操纵交易市场或者扰乱交易秩序;

(二)有损于交易双方进行公平交易的;

(三)法律、法规、规章禁止的其他行为。

第三十四条　农村集体资产交易过程中,发生交易纠纷的,当事人可向所在地的农村产权交易机构或者农村产权交易监督管理委员会申请调解,也可以向仲裁机构申请仲裁,或向人民法院提起诉讼。

第三十五条　农村产权交易机构应当定期对集体资产交易、合同履约等信用情况进行记录,并上报农村集体资产流转交易主管部门。农村产权交易机构应当建立信用评价机制,对信用评价差的竞投人,限制其参与竞投。

第九章　法律责任

第三十六条　农村集体有关人员违反本细则规定,存在以下行为之一的,视情节轻重,由纪检监察部门给予责令改正、通报批评；给集体经济造成损失的，依法承担相应赔偿责任；构成犯罪的，依法追究刑事责任。

（一）不按本细则规定进入交易服务机构公开交易的；

（二）对标的金额、面积、期限等进行分拆，以规避进入上一级交易服务机构公开交易的；

（三）交易过程中存在隐瞒事实、提供虚假资料等行为的；

（四）不按规定履行民主表决程序的；

（五）扰乱交易秩序、影响交易正常进行的；

（六）已经签订的土地、房屋等集体资产承包、租赁等合同到期后续签或重签，不在农村产权交易机构履行手续的；

（七）交易后不按规定签订合同的；

（八）故意设置障碍不履行合同的；

（九）存在行贿、受贿行为的；

（十）其他影响交易公开、公平、公正进行的行为。

第三十七条 农村产权交易机构工作人员违反本细则规定，滥用职权、不履行或者不正确履行职责的，视情节轻重，由其行政主管部门或纪检监察部门给予扣减薪酬、辞退、问责、处分等处理；造成经济损失的，依法承担赔偿责任；构成犯罪的，依法追究刑事责任。

第三十八条 受让申请人、竞买人、竞得人违反本细则规定，损害他人、农村集体利益的，依法承担赔偿责任；有弄虚作假、串通竞投、行贿、敲诈勒索、威胁他人等情形的，依法追究其法律责任。

第三十九条 在农村集体资产交易合同履行过程中，发生纠纷的，可依据合同约定途径解决；没有约定的，可依法向人民法院提起诉讼。

第十章　附则

第四十条　本交易实施细则由××县农村产权交易中心负责解释。

第四十一条　本交易实施细则自发布之日起施行。

第四章 建立市场运营机制

第一节 构建集体资产运营机构

一、构建集体资产运营机构的必要性

改革开放以来，随着农村产权制度改革和农村经济的发展，农村集体资产越来越多，农村集体资产的经营管理问题日益突出起来。如何根据新的形势，建立健全集体资产的营运机构和管理制度，加强集体资产的经营和管理，防止集体资产的流失，保证其继续增值，已成为当前农村经济工作的一个重要问题，很有必要建立健全农村集体经济组织运行机制。农业农村部会同相关部门指导各地推进农村集体产权制度改革，建立符合市场经济要求的集体经济运行新机制，发挥好农村集体经济组织管理集体资产、开发集体资源、发展集体经济、服务集体成员等方面的功能作用。支持农村集体经济组织为农户和各类农业经营主体提供产前产中产后农业生产性服务；鼓励农村集体经济组织整合利用集体积累资金、政府帮扶资金等，通过入股或参股农业产业化龙头企业、村与村合作、村企联手共建、乡村振兴等多种形式发展集体经济。

二、完善农村集体经济组织建设

在农村集体经济组织资产管理运营模式的完善强化上，还需

要对组织治理进行优化，确保农村集体经济组织在资产运营管理中始终坚持一种正确的运营理念和方向。在具体实施上，首先要对农村的集体经济组织进行健全，按照相应的法律规定对一些农村经济组织中的法人地位进行明确，并且对一些管辖机构还要进行设立登记，将一些村级的集体经济组织和村委会区分开来，确保其能够进行独立的经济活动，从而确保集体经济组织利益的最大化，同时也能对集体经济组织中的成员利益进行有效保证，让整体的集体经济组织运转效率都得到明显提升。其次在对农村集体组织治理的优化上，还需要对农村的整体治理结构进行优化，引入一些先进的管理理念，并且在借鉴一些现代企业管理制度的基础上对整个内部管理结构进行优化。最后还需要加强农村集体经济组织的监督，在农村内部完整的设立出村民代表大会、董事会以及监事会等机构，确保整体产权明晰和权责明确，并且加强相应的人才储备，通过吸收一些具有优秀经营管理能力的人才，来促进农村集体经济组织的有效完善。

三、资产运营

（1）村集体经济组织应当建立和完善农村集体资产经营管理、资产保值增值、责任考核和风险控制等制度。

村集体经济组织对农村集体资产可以直接经营，也可以采取发包、租赁、合资、合作等方式经营。

（2）村集体经济组织经营管理人员应当具备下列条件，并由本集体经济组织选举、任命或者聘任：有良好的品行和信誉；具有农村集体资产经营管理的专业知识和工作能力；有能够正常履职的时间和身体条件；法律、法规规定的其他条件。

村集体经济组织根据需要配备农村集体资产专管员，负责集体资产的统计、登记及财务报账、财务会计档案保管等事务。

（3）单位和个人经营或者使用农村集体资产的，应当与村集体经济组织签订书面合同，合理确定合同期限、标的，明确双方的权利和义务。

（4）村集体经济组织应当每年召开本集体经济组织成员大会或者成员代表大会，听取、审查村集体经济组织执行机构关于农村集体资产经营管理的工作报告和村集体经济组织监督机构关于农村集体资产经营管理的监督工作报告，讨论决定农村集体资产年度经营管理和制度建设等重大事项。

村集体经济组织成员代表大会行使前款规定职能的，应当取得成员大会的授权。

（5）村集体经济组织以及村集体经济组织经营管理人员，不得以本集体资产为其他单位和个人的债务提供担保。

任何单位和个人不得强制村集体经济组织捐款捐助或者向村集体经济组织摊派。

（6）农村集体资产经营管理活动中的下列事项，应当经本集体经济组织成员大会或者成员大会授权的成员代表大会应到成员2/3以上通过：本集体经济组织年度财务预决算、收益分配和非生产性支出方案；农村集体资产经营方式、经营目标及重大经营事项的确定和变更；重大投资和工程建设项目、较大数额的举债；出借集体资金；集体土地征收征用补偿费的分配和使用；留用地和集体经济发展资金的使用；宅基地的分配；依法进行的集体经营性建设用地入市；涉及本集体经济组织全体成员利益的其他重大事项。

前款所列事项的表决过程应当由村集体经济组织监督机构全程监督。其中，第三项、第四项规定的事项在提请表决前，还应当由村集体经济组织执行机构说明可能造成的风险。

重大投资和工程建设项目、较大数额举债等具体数额标准，由村集体经济组织依照本条第一款规定的民主决策程序予以确定。

（7）村集体经济组织应当合理控制债务规模。乡镇人民政府（街道办事处）可以根据村集体经济组织的经营管理需要和债务偿还能力，对村集体经济组织的债务规模设置警戒线，并对村集体经济组织及其成员发布预警信息，提示债务超过警戒线可能造成的风险。

（8）村集体经济组织对其出资的企业或者其他经济组织依法享有资产收益和相应的经营管理权力。

村集体经济组织对其独资、控股、参股的企业或者其他经济组织，应当通过制定、参与制定该企业或者其他经济组织章程的方式，建立权责明确的内部监督管理和风险控制制度，维护本集体经济组织及其成员的权益。

（9）调整农村集体资产权属、开展股份合作以及相关条例规定事项的实施方案，依照相关条例规定的民主决策程序交付表决前，应当在本集体经济组织范围内进行公示，征求本集体经济组织成员意见，征求意见时间不少于十五日。

四、推动集体经济发展壮大

陕西省出台支持村集体经济发展的十二条措施、海南省出台壮大农村集体经济的十八条措施，积极破解发展壮大集体经济中存在的基础薄弱、动力不足、机制不活等问题，推动集体经济发展壮大。

1. 陕西省出台十二条措施壮大集体经济

为有效破解陕西省发展壮大村集体经济中存在的基础薄弱、动力不足、机制不活、质量不高等突出问题，2020年8月，陕西省委农村工作领导小组印发《关于支持村集体经济发展的十二条措施》，加快补短板、强弱项，推动村集体经济发展，力争到2022年底，实现"空壳村"全面消除，薄弱村减少60%以上，一般村盈利能力明显提升，富裕村超过1 000个。

如榆林市榆阳区赵家峁村，通过农村集体产权制度改革，在2017年成立了赵家峁村股份经济合作社，开始大力发展设施农业、养殖、乡村旅游等集体经济，实现了"资源变股权，资金变股金，农民变股民"的巨大转变，让村民人人有股份，人人有钱赚，人均收入过万元。

2. 海南省大力发展农村市场主体，壮大农村集体经济

2020年10月，海南省委办公厅、海南省政府办公厅印发《关于大力发展农村市场主体壮大农村集体经济的十八条措施》的通知（以下简称《措施》），从实施更加开放的人才政策、盘活农村资源要素、创新财税金融政策、全面加强组织领导等四大方面十八条措施鼓励海南省大力发展农村市场主体，壮大农村集体经济。海南省要求实施更加开放的人才政策，鼓励在职一线工作人员（驻村第一书记和乡村振兴工作队员、扶贫工作队员等）、高校和科研院所等事业单位专业技术人员、退休人员、大学生、能人（下乡企业家、优秀农民工、退伍军人等）到农村领办、创办、新办集体经济，并从晋升职务职级、完善社会福利保障、提高经济待遇等方面进行多方激励。《措施》还提出"三个允许"：允许下乡能人以自有资金入股或参股，担任集体经济组织的董事长、理事长或职业经理人；允许从当年村集体收入增量中安排10%的收益奖励有突出贡献的下乡能人；允许下乡能人通过法定程序充实到村"两委"或村级集体经济组织领导班子，把参与"三支一扶""西部计划"及担任村官并在发展农村集体经济方面做出突出贡献的大学生经过一定程序选入乡镇领导班子。同时，放宽社会资本进入农村的限制；通过创新财税金融政

策，支持壮大农村集体经济。

五、建立村级集体资产统一管理经营平台

2016年，上海郊区奉贤区南桥镇庙泾村把3 000万元的村级集体资产入股到镇级集体资产管理经营平台上统一运行，临近年底已获得了第一笔分红资金。上海在奉贤区率先探索在区和镇两个层面建立对村级集体资产进行统一管理经营的平台，让村资产有更强的保值增值能力，让村民获得更多的资产性收益。上海将奉贤列为全市唯一的统筹城乡发展专项改革试点区。将村级集体资产吸纳到区级和镇级的集体资产经营平台上，通过资产化、证券化、城市化运作，进行统一管理、统一经营，是今年奉贤深入推进城乡一体化发展中的创新之举。

奉贤区区委书记庄木弟说，在村民自愿和全面完成农村集体经济组织产权制度改革的基础上，打通集体资产让农民共享的通道，变分散的传统经营为集中的现代经营，落脚点是让农民获得更多的资产性收益。目前，已有5个村获得首批分红，受益村民达1.5万余人。

南桥镇张翁庙村村总支书记高渊说，这个村以前虽拥有不少厂房和物业，但大多数场地小、应用范围有限，大企业根本引不进来，每年只能靠租金来维持整个村的开支。如今，把村级集体资产放在镇级集体资产管理经营平台上统一经营，就好像有了一位专业的"理财专家"，在安全、保值的基础上，发展和壮大村集体资产，最终使村民得益。目前，南桥镇的集体资产统一管理经营平台整合了镇级和村级集体资产，打造了"东方美谷·虹桥中心"，吸引国内外多家上市公司的集团总部、区域总部和研发中心入驻。

庄木弟表示，除了镇级平台外，奉贤全区性的统筹发展平台

也在建设之中，今后将对各镇的村级、镇级集体资产进行统筹协调，使得集体经济不再固守在农村、街镇的范围内，不拘泥于"小打小闹"，而是形成"五个手指攥成拳"的效应，实现"农民增收+地区发展"的创新格局。

第二节　创新资本运营新理念

一、壮大农村集体经济

一是打造一支具备绝对领导力的村两委领导集体；在村民自愿的基础上，成立村集体合作社或专项合作社。

二是把村里零星分散或者闲置的土地、房屋、草场、林地、湖泊、废弃厂房等，进行整理，请专业机构进行评估，实现资源变资产，并将该资产纳入村集体合作社，进行统一规划、经营、开发、利用。

三是依托合作社，引入社会企业，成立股份公司，合作社代表村集体和村民以资源入股，社会企业以资金入股，共同构建实施乡村振兴发展的企业。

四是拓展产业发展内容，依托乡村产业基础和文化生态资源，推进精品手工文创、农林土特产品、文化生态旅游、农副精深加工、田园养生度假、乡村健康养老等产业内容。

五是坚持推动村民的共建共享，将村民纳入村集体社会经济发展的平台上，农民通过土地入股、技术入股、房屋入股和劳动力入股等方式获得相应的分红。

六是建设村民创业发展公共平台，为村民自主创业提供资本、技术、设备、培训和场地等方面的支持。

二、促进乡村振兴

坚持以市场需求为导向，找准方向，按照一二三产业融合发展的理念，提升农业农村经济发展的质量和效益。在产业类型上既要对传统农业进行提质增效，又要在市场需求的基础上，进行跨产业整合，实现农业与旅游的融合、农业与文化的融合、农业与养老的融合、农业与健康产业的融合等，延长产业链、拓宽增收链，构建现代泛农产业体系。

围绕乡村产业发展，要以乡村大数据为基础，利用互联网、物联网、区块链等新技术，打造产业运营平台、资源整合平台、产品交易平台、品牌营销平台、人才流动合作平台、项目对接平台、乡村文创平台等，凝聚力量，促进乡村产业兴旺发达。要以特色突出、优势明显、竞争力强大为原则，构建乡村现代泛农产业体系，同时，要深挖产品价值，匠心培育市场需要，且具有很强增长性的新业态。以乡村旅游为例，就可以根据资源和条件，开发乡村共享田园、共享庭院、民宿、文创工坊、亲子庄园、享老庄园、电商基地、采摘园、乡野露营等业态，需要村集体、村民创业者、外来投资者多方共建。

三、多种形式发展集体经济

从实际出发探索发展集体经济有效途径。农村集体经济组织可以利用未承包到户的集体"四荒"地（荒山、荒沟、荒丘、荒滩）、果园、养殖水面等资源，集中开发或者通过公开招投标等方式发展现代农业项目；可以利用生态环境和人文历史等资源发展休闲农业和乡村旅游；可以在符合规划前提下，探索利用闲置的各类房产设施、集体建设用地等，以自主开发、合资合作等方式发展相应产业。支持农村集体经济组织为农户和各类农业经营主体提供产前产中产后农业生产性服务。鼓励整合利用集体积累资金、政府帮扶资金等，通过入股或者参股农业产业化龙头企业、村与村合作、村企联手共建、扶贫开发等多种形式发展集体经济。

第三节 完善集体资产经营机制

一、集体资产评估

集体资产作为广大农民多年来辛勤劳动积累的成果，是发展农村经济和实现农民共同富裕的重要物质基础。管好、用好集体资产，对于壮大集体经济实力，改善农业生产条件，促进农业和农村经济发展，增加农民收入，增强农村基层组织的凝聚力，保持农村社会稳定，都有着十分重要的意义。近年来我国农村集体资产呈现发展快、规模大、运营效益较高的趋势，农村集体资产的占有和使用状况发生了很大变化。在产权制度和经营机制的改革中，对于变化中的集体资产的评估问题不容忽视。集体资产评估是改革开放大潮中开创的一项社会公正性的工作，是防止农村集体资产流失的"闸门"。如何做好我国农村集体资产的评估工作，是今后农村集体资产管理工作的一项重要内容。资产评估是市场经济发展的必然产物，是深化经济体制改革的需要，也是优化资产管理的需要。中国的资产评估是在20世纪80年代末期改革开放和建设社会主义市场经济的过程中兴起的。它首先是从维护国有资产，加强国有资产管理起步的，但是随着中国多种所有制经济的壮大和发展，资产评估业也逐渐突破国有经济的局限，开始重视其他经济性质企业的兼并、收购等业务，农村集体资产评估正是应社会经济运行的需求而发展起来的。

二、农村集体资产经营机制

经营、管理好农村集体资产,事关农民合法权益,对增加农民财产性收入,让广大农民分享改革发展成果,具有重要意义。

(一) 强化农村集体资产的财务核算

对于改善农村集体资产管理,必须强化农村集体资产的财务核算。对于流动资产的管理要加强,比如说可以建立村级银行账户管理制度,对于村镇设施建设农民所缴纳的现金做好账簿登记。另外,对于固定资管的管理,村委会要构建完善的农村固定资产的台账与明细账,一段时间进行公示,以保证账目透明。对于资源性的农村集体资产,村镇应当进行村民大会,予以村民知晓和投票的权利。在听取村民的意见再结合实际情况,做出恰当的资源分配和财务规划。

村级组织要对农村集体资产的存量、种类和分布状况进行详细的调查,做好登记。对以往的账内集体资产,要进行核实,以进行适时地更新,确保账目的准确。对于那些有账无物的资产要去查明原因,然后根据相关流程进行核销,而对于那些有物无账的资产,要以进行科学评估后的价格或者是市场价及时入账。

(二) 明确农村集体资产的归属

农村集体资产的归属要明确,不能模糊不清,不然容易出现财务风险。对于以政府拨款和税收减免形式下发的资产,将其权属确定到农村集体经济组织中去。进行资产管理账目的整理和公示,以确保农民群众可以监督。而对于村内资源的归属,村干部之间要做好交接,根据实际情况进行分配。对于农村集体资产所属权存在争议的,要公平公正地处理,尽量维护村内和谐。对于历史遗留问题,村干部要进行会议讨论,得出有效方案,尽可能解决,不能将问题一再遗留下去。明确了农村集体资产的归属之后，村级组织对于集体资产的管理也会方便很多，能够直接找到负责人。

(三) 规范农村集体资产经营

1. 干部

规范农村集体资产的管理对于村干部而言，也有了很多的规定需要遵守。建立完善的农村集体资产管理制度能够责任到人，有效提高村干部的工作效率。对于村干部的选拔也更加严格，从而选出更有能力和责任心的人来进行农村集体资产的管理，切实提高集体资产的有效利用率。

2. 农民

完善资产评估机制。对于农村集体资产的承包、租赁以及拍卖等情况都要做好资产的评估，可以请专业的机构进行实时评估，以减少因评估错误而造成的损失，能够有效保障农民的利益。推广强化交易合同管理，让农民了解到合同的重要性，针对之前不合法、不合理的合同的签订要进行及时的清理和补救。同时，要完善民主管理机制。针对农村集体资产的大规模使用，要寻求农民群众的意见，坚持推行民主决策。一切财物活动都应该按照《村集体经济组织财务公开暂行规定》来执行。村级组织要建立完善的资产处置制度，确定资产处置的流程，将资产收益管理规范化，强化内部约束机制。

三、资产经营管理办法

（1）农村集体经济组织具有独立的经营权，依法自主决定其资产的经营方式。

（2）农村集体资产经营可以通过农村集体经济组织依法与其他组织或者个人签订合同，明确双方的权利和义务，由其他组织或者个人行使经营权，资产所有权不变。

（3）农村集体经济组织直接经营农村集体资产的，应当制定经营目标，明确经营责任，促进农村集体资产的保值增值。除法律规定农村土地承包采取农村集体经济组织内部家庭承包外，农村集体资产实行承包、租赁经营的，应当依法采取招标、公开竞投、公开协商等方式确定经营者。禁止非法压价发包或者出租集体资产。

（4）农村集体经济组织成员以内部家庭承包方式依法承包、流转、经营由本集体经济组织发包的土地的，依照《中华人民共和国农村土地承包法》和有关法律法规的规定执行。农村集体经济组织成员有权依法自主决定所承包的土地经营权的流转。采取转让方式流转的，应当经发包方同意；采取转包、出租、互换或者其他方式流转的，应当报发包方备案。

（5）农村集体经济组织以集体资产投资或者参股企业经营，投资数额较大的，应当进行可行性研究。可行性研究可以委托具备法定资质的第三方进行。

（6）有下列情形之一的，应当对农村集体资产价值进行评估：①数额较大的资产实行参股、联营、股份合作、合资、合作经营的；②数额较大的资产进行拍卖、转让、置换等产权变更的；③数额较大的资产抵押及其他担保的；④农村集体经济组织合并、分立、改制、改组及其设立或者占有份额的企业兼并、分立、破产清算的；⑤其他依法需要进行资产价值评估的。

（7）农村集体资产价值评估应当由农村集体经济组织成员大会或者成员代表会议决定，并委托具备法定资质的资产评估机构进行。评估结果应当向本组织全体成员公布，并报乡镇人民政府、街道办事处备案。

监事机构对评估报告有异议的，可以在评估报告公布之日起十五日内向评估机构书面提出异议，该评估机构应当在收到书面异议之日起三十日内作出书面解释。

　　监事机构对评估机构书面解释仍有异议的，可以在收到书面解释之日起十日内，提请成员大会或者成员代表会议决定委托其他资产评估机构进行复评。受委托进行复评的机构应当在约定时间内作出复评结论。未经复评，不得否定初评报告。

　　农村集体经济组织成员对评估报告有异议的，可以向监事机构提出，由监事机构办理。

　　(8) 农村集体经济组织可以聘请管理人员，参与集体资产经营管理。

第五章 建立收益分配机制

第一节 完善分配制度

一、明确收益分配方式

(一) 收益分配的重要性

正确处理股份收益、积累与分配的关系，理顺股份收益分配关系，使股份合作社的收益分配真正做到科学合理、民主决策、公开透明，对促进集体经济健康发展、发挥集体经济制度优势、维护农村社会稳定都具有十分重要的意义。各乡镇要加强对村级股份合作社收益分配工作的指导和协调，各股份合作社要将收益分配纳入财务预决算管理，切实做好收益分配管理工作，使其逐渐走上制度化、透明化、规范化的轨道。

(二) 分配依据

农村集体经济组织成员（股东、社员）持有的股份是其参与集体资产经营收益分配、享受集体经济组织分红的主要依据。集体经济组织应依法保障其成员（股东）享受收益分配权，任何单位和个人不得侵犯。

(三) 分配原则

1. 收益决定分配的原则

股份合作社要依据当年经济效益情况，合理确定当年分配水平。原则上收益分配增长幅度应与经济效益增长幅度相适应，防止跨空分配、举债分配等现象发生。

2. 可持续发展的原则

要妥善处理分配与积累、眼前利益与长远利益的关系，促进社会和谐稳定、经济健康发展，实现分配水平的可持续性增长。

3. 民主管理的原则

制定分配方案要广泛听取各方面意见，及时研究解决收益分配中存在的问题，分配方案要经过民主决策，做到公开透明。

4. 按股、按劳分配的原则

股份合作社要调整完善收益分配方式，逐步实现按股、按劳分配方式，股东通过股份取得分配，股份合作社工作人员通过聘用或雇佣方式参加劳动取得报酬，进一步分享改革红利，切实增强人民的获得感。

(四) 基本要求

村集体经济组织应严格按照有关要求和程序，制定经济组织成员（股东、社员）认可并符合国家法律、法规、规章的收益分配办法和年度收益分配方案，并及时进行公示，接受群众监督。

收益分配办法要明确收益分配的内容和标准，并对收益分配中集体公积金公益金的提取比例、性质、用途等作出具体规定。

原则上每年元月底前确定上年度收益分配方案并完成分配。

分配前，应当准确核算村集体经济组织全年的收入和支出，清理财产和债权、债务，核算成员（股东、社员）年度收益，并真实完整地发放到成员（股东、社员）个人账户，同时将分配金额登记在股权证、社员证上。

(五) 顺序比例

1. 分配顺序

集体经济组织收益分配一般遵循以下顺序。

（1）弥补以前年度亏损。

（2）提取公积金、公益金，主要用于发展生产和公共服务，包括转增资本及公益设施建设等。

（3）按照成员（集体股东、个人股东）股份份额进行分红。

2. 分配比例

提取公积金、公益金和收益分配的比例，根据集体经济组织的实际情况和章程确定。对为集体经济组织提供管理、技术、信息、商标使用许可等服务或作出其他突出贡献的单位或个人，根据集体经济组织章程或成员（代表）大会决定，可以给予一定报酬奖励，在提取可分配盈余之前列支。

（六）基本流程

1. 方案制定

村集体经济组织理事会按照集体经济组织章程确定的收益分配办法，组织制定年度收益分配方案，于成员（股东）大会召开十五日前，置备于办公地点，供成员（股东）查阅。

2. 方案审议

将收益分配方案提交成员（股东）代表大会初审，经成员（股东）代表大会初审通过并经成员（代表）大会三分之二以上全体成员（代表）确认后，报村级、乡镇审核。

3. 方案公示

收益分配方案经村级、乡镇审核通过后进行公示，公示时间不少于七个工作日，无异议后报县农业农村局备案后实施。

4. 分配登记

将收益分配情况发放到成员（股东、社员）个人账户。同时，将提取的公积金量化到每个成员（股东、社员），据实记录到成员（股东、成员）个人账户。对国家财政直接补助、他人捐赠等形成的非经营性资产要做好产权登记，对形成的经营性资产进行量化，并记录到成员（股东、社员）个人账户。

二、确定收益分配水平

集体经济组织要健全集体收益分配制度，明确收益分配范围和比例，对收益分配中公积金、公益金的提取比例、性质、用途等作出具体规定。无收益不得分配，严禁举债分红。一般遵循以下顺序。

（1）提取公积公益金，主要用于发展生产，包括转增资本、弥补亏损、公益设施建设。

（2）提取应付福利费，用于集体福利方面支出，一般根据上年实际开支提取。

（3）股份分红，提取积累后，按照成员和外来投资者股份份额进行分红，也可以现金方式对外来投资者按照合同或协议规定分红，在此之后在成员之间按股份进行红利分配。

第二节　规范收益分配

一、股权设置

股权设置可设集体股和成员股，所占总股份比重的大小，由本集体经济组织成员民主讨论决定。成员股可根据人口、劳动贡献等因素合理确定分配系数。

实践中，各地成员股主要根据人口数量和在集体劳动时间分别设置，包括人口股（基本股）和劳龄股（农龄股）两种基本形式。其中，人口股（基本股）体现集体经济的保障功能，基本按照村集体经济组织成员户籍性质及家庭承包土地数量等要素配置；劳龄股（农龄股）体现对集体经济发展的贡献，主要根据在本集体经济组织的劳动时间及贡献配置。两者的具体比例由各村根据当地资产构成、历史形成和福利政策等实际情况确定。此外，有的地方还结合自身实际情况，增设了募集股、劳动贡献股（风险责任股）等一些特殊类型的个人股份。

二、股权管理

改革后农村集体经济组织应及时制订完善章程，加强对农村集体资产股权的管理。

一是建立健全农村集体资产股权证书管理制度，村（社区）股份经济合作社应当以农户家庭为单位，颁发集体资产股份证书。证书样式由省农村集体资产主管部门统一制定。作为其占有集体资产股份、参与管理决策、享有收益分配的有效凭证。股权证书遗失的需及时报失，并申请补办手续。

二是建立健全农村集体资产股权台账管理制度。农村集体资产股权台账，是指为加强和规范对农村集体资产股权证书的管理，改革后的农村集体经济组织根据农村集体股权证书的内容，及时分类登记造册形成的账簿。建立健全农村集体资产股权台账主要包括两方面内容：①编制本集体经济组织成员（股东）名册；②编制集体资产股权登记簿，对本集体资产股份的数量、变更、交易、抵押、担保等内容分别登记造册并及时记录。农村集体经济组织成员享有的股份，应当以农户家庭为单位记载。加强对集体资产股份的登记、交易和变更管理，将集体资产股份的登记、变更、交易以及股东名册纳入农村集体资产信息化管理平台归档管理，并在县级主管部门备案。

三是建立健全农村集体资产股权档案管理制度，将改革过程中形成的文件、决议、实施方案、章程、股东名册等重要资料全面整理，立卷归档。

三、成员股的设置模式

股权管理主要有两种形式或者说两种模式。①动态管理,也就是说能够在一定时期内随着人口的增减而调整股权或者份额;②静态管理,生不增、死不减,保持稳定。管理模式的确定应该充分尊重农民群众意愿,由群众来选择和决定。但从制度设计上来看,农民的几项基本权利应该相互衔接,农民的土地承包关系要求保持稳定并长久不变。从实践层面上看,固化到户的静态管理模式也占据主流。所以农户家庭的股份总额一般不随户内人口增减而调整。

四、农村集体收益分配

农村集体经济组织要制定经成员认可并符合国家财务会计制度的收益分配制度,明确收益分配范围,规范收益分配顺序确定收益分配比例,对收益分配中集体公积金、公益金的提取比例、性质、用途等作出具体规定。主要包括以下几方面的内容。

(1) 收益分配范围和依据。明确拥有股份的集体经济成员有收益分配权,集体经济成员拥有的股份份额是享受集体收益分配的依据。

(2) 收益分配的顺序和比例。明确把当年已经确定的收益总额连同以前年度的未分配收益按照一定的标准进行合理分配。股份经济合作社要处理好积累和分配的关系,提取的积累和分配的比例要根据实际情况和章程确定。

(3) 收益分配方案的产生和执行。年度收益分配方案要经集体经济组织成员(代表)大会同意通过方可实施,还应及时进行公示,接受群众监督。

第三节 强化民主管理

村级集体资产收益是指出租、出售本集体资产、资源的收入、集体资金投资产生的收益、集体经营性建设用地入市收益等。

一、使用原则

农村集体资产收益的使用要坚持民主议定、平均分配、合法及三个有利于（有利于农村集体经济的发展壮大、有利于集体基础和公共设施完善提升、有利于提高成员生活质量水平）原则。

二、农村集体资产收益的使用范围

农村集体资产收益是集体资产的一部分，其适用范围及方式都属于村民自治范畴，应按照"四议两公开"工作法进行，应遵循以下顺序。

（1）用于扩大再生产资金。可分配收益资金优先用于扩大再生产，特别是对农民群众广泛参与、辐射带动作用强的项目优先列支，保证村级集体经济不断发展壮大。提取比例原则上不低于总收益的30%。

（2）补充村级组织运营费用。提取比例原则上不高于总收益的5%，不超过5万元。

（3）基础设施和公共服务设施建设运营费用。注重把可分配收益资金向改善人居环境、建设美丽乡村等公益事业倾斜，有效治理"六乱"，着力改善民生。提取比例原则上不高于总收益的30%。

（4）股东分红。村级集体资产收益有盈余时，在做好扶贫帮困的基础上，依照相关规定向成员进行分红，分红比例应不高于总盈余的 30%。

三、村级集体资产收益资金的民主管理

农村集体资产收益分配纳入村集体经济重大事项范畴，应当公开、公平、公正和合理，要按照相关规定经过民主讨论，村理事会将方案提交成员（代表）大会，由理事长提出各项决议内容，经本集体经济组织成员（代表）大会应到成员三分之二以上同意，实行民主决策、民主管理，并接受民主监督。财务收支要严格执行农村集体"三资"管理相关规定，要全额纳入乡镇农村集体"三资"管理服务中心统一管理，实行收支两条线运作。

四、农村集体资产收益盈余的使用分配程序

（1）提出初步方案。村集体经济组织根据相关依据，提出初步分配方案。

（2）分配方案公示。村集体经济组织将初步方案在公示栏公示，公示时间不少于七日。

（3）审核公示结果。村集体经济组织对公示后反馈的情况应在 5 个工作日内进行审核并做出解释或纠正。

（4）上报乡镇初审。村集体经济组织将分配方案报乡镇政府初审。

（5）代表大会通过。村理事会将分配方案提交成员（代表）大会，理事长在成员（代表）大会上提出决议内容，经本集体经济组织成员（代表）大会应到成员三分之二以上通过，并张榜公布；村集体经济组织将分配方案上报各乡镇备案。

（6）组织兑现。乡镇政府财政所（农村集体"三资"管理服务中心）办理拨付资金有关手续，村集体经济组织负责兑现。

五、责任追究

在村级集体经济收益分配管理工作中，必须做到"七严禁"。

一是严禁未经村民代表大会或村民大会讨论进行的收益分配。

二是年收益低于5万元的，严禁列支村干部奖励资金。

三是严禁对发展潜力不足、赢利能力差的项目列支扩大再生产资金。

四是严禁违规或擅自用集体收益资金用于发展个人项目或在扶持项目选定上搞偏亲向友。

五是严禁擅自用收益资金搞"形象工程""政绩工程"等不当支出。

六是严禁违规使用收益资金抵押担保。

七是严禁使用收益资金进行应酬招待以及其他浪费支出。对违反以上规定的，严肃追究相关人员及领导责任。

第六章 建立资产监管机制

第一节 确保集体所有制地位稳固

2016年4月25日,中共中央总书记、国家主席、中央军委主席习近平在安徽省凤阳县小岗村主持召开农村改革座谈会并发表重要讲话。习近平强调,把农民土地承包经营权分为承包权和经营权,实现承包权和经营权分置并行。他还强调,要尊重农民意愿和维护农民权益,把选择权交给农民,由农民选择而不是代替农民选择,可以示范和引导,但不搞强迫命令、不刮风、不一刀切。不管怎么改,都不能把农村土地集体所有制改垮了,不能把耕地改少了,不能把粮食生产能力改弱了,不能把农民利益损害了。

下面以刘元胜、于舒关于坚持和完善农村土地集体所有制这个制度优势的论述为例,解释为什么要确保集体所有制地位稳固。

一、农村土地集体所有制是我国的一大制度优势

作为我国农村最基础的制度,农村土地集体所有制以其超强的适应性和发展性,成为解放、发展和保护我国农业生产力的根本性制度优势,不仅克服了部分土地私有制国家在农业现代化进程中陷入的发展困境,而且助推了我国农业生产力水平的整体跃

升,彰显了中国特色社会主义道路的制度自信。然而,有的人不从我国的基本国情和农业发展的实践出发,错误地认为农村土地私有制是实现我国农业现代化的唯一出路,试图瓦解这一制度优势。

1. 坚持农村土地集体所有制是我国法律所规定的基本制度

农村土地集体所有制作为我国农村的基本经济制度,是社会主义题中应有之义,是社会主义公有制在农村的主要实现形式。农村土地集体所有制,不仅是《中华人民共和国宪法》所规定的,而且是《中华人民共和国村民委员会组织法》《中华人民共和国农村土地承包法》规定的法律制度层面的制度安排,更是公平价值导向的社会保障层面的制度设计。正是这种多重含义,决定了我国农村发展与改革的道路及方向,成为我国农村基本经营制度的魂和我国农村根本的制度,并能通过释放制度优势有效解决农业现代化过程中的农业问题和农民问题。为此,任何涉及土地制度的改革,都必须旗帜鲜明地维护农村土地集体所有制,在维护这个最根本的制度不变的前提下推进发展导向的变革,绝不能在农村土地集体所有制上动念头和打主意。正如习近平总书记强调的,不管怎么改,不能把农村土地集体所有制改垮了。在我国深入推进农业供给侧结构性改革的过程中,要把农村土地集体所有制作为土地供给侧结构性改革的根本遵循,为培育农业农村发展新动能和提高农业供给体系质量与效率深挖制度潜能、释放制度红利。

2. 坚持农村土地集体所有制能够适应当前实践需要

实践表明,在不同的农业发展阶段,通过对农村土地所有制实现形式的适应性调整,我国农业生产力发展水平会得到极大提升、农民收入水平能够获得显著增加。家庭承包经营和集体统一经营相结合的双层经营体制就是最大的制度性成果。当前我国农业发展面临新挑战，主要表现为农业生产方式由人力、畜力向机械化转变，生化技术的广泛运用缩小了土地差异，劳动力流动带来了农业经营主体的变化等；上述变化让土地分散细碎化问题成为制约农业现代化发展的阶段性瓶颈，作为农村生产关系总和的农村土地所有制应当对农业生产力的这种变化作出回应。为此，土地所有制的调整必须充分考量农业生产方式、生产条件和生产主体的变化，广泛适应农业生产力发展水平。坚持农村土地集体所有制，一方面，能通过统分结合，以家庭经营的"分"和集体经济组织的"统"很好地解决土地细碎化经营；另一方面，在土地归集体所有的前提下，重构产权结构，积极探索新的实现形式，以农民参与和集体经济组织动员取得利益最大公约数。广东省清远市叶屋村和贵州省安顺市塘约村的做法表明，在我国农业发展的新阶段，农村土地集体所有制能够以其强大的制度弹性和制度优势，实现农业生产能力提升、农民权益保障和集体经济组织实力壮大的有机统一。

二、精准认识农村土地集体所有制的多维功能

作为以土地财产归属为核心的一系列相关制度安排的集合体，农村土地集体所有制在本质上是以土地财产为基础的人与人之间的利益关系，它着力解决农业经济发展过程中由土地引发的效率与公平问题，通过不断的适应性调整影响着农村生产力发展和人们的经济利益关系，并以显著的制度绩效对促进我国农业现代化发展、保障农民权益和稳定农村社会治理发挥了不可低估的作用。

1. 农村土地集体所有制的效率功能

稳步提高农业生产能力、确保国家粮食安全，是农村土地所有制的工具性目标。中华人民共和国成立以来，我国对农村土地

所有制的调整实践充分证明，农村土地集体所有制能够以社会主义制度优越性，有效调动农民生产经营积极性和充分发挥集体经济组织的统筹功能，极大提高农业生产经营效率。具体的作用机制是在保证土地归集体经济组织成员所有不变的前提下，针对农业生产经营过程中出现的新问题，创新性地构造产权结构，不断释放土地集体所有制的势能。一方面，引入家庭联产承包责任制，通过两权分离，保障集体经济组织的所有权和赋予农民承包经营权，在统分结合中兼顾了集体经济组织和农民的使用权、收益权和处置权；另一方面，面对农业生产方式、生产条件和生产主体的阶段性变化，在确保农村土地集体所有不变的前提下，构造三权分置的产权结构，将承包经营权分为承包权和经营权，并通过确权登记颁证充分保障每项权利的权能，以所有权证让集体经济组织用心、以承包权证让农民定心、以经营权证让农业经营者放心，最终以"分"与"统"的有机结合克服了农业在新发展阶段面临的土地细碎化、农业基础设施有效供给不足和农业经营主体不稳定等困境，带来了农业适度规模经营、农业基础设施显著改善和农业生产能力稳步提升，为国家实现粮食安全夯实了制度基础。

2. 农村土地集体所有制的公平功能

我国是典型的城乡二元社会，对于农民而言，土地不仅仅是生产资料、还是生活资料、更是身份特征鲜明的财产，从而土地以及由土地衍生的权利对农民起到了社会保障功能。农民凭借成员权获得土地并拥有相应的土地财产权益，为了确保农民依土地所享有的福利水平的公平性，就需要设计合理的土地所有制形式，以便保障土地财产权益的合理分配。"三级所有、队为基础"的农村土地所有制形式，在以生产队为单位的村集体经济组织拥有土地的前提下，为了确保生产队范围内村民的经济利益平等，按照公平原则对土地使用权进行了分配，土地位置、肥力均按人口平均分配，形成了使用权高度分散化的土地利用特征。在生化技术不发达、机械化程度不高、劳动力较稳定和人地分离程度不高的发展阶段，农村土地集体所有制有效处理了生产队范围内农民之间的土地利益关系，释放了公平功能。但是，当使用权高度分散化所带来的土地细碎化成为制约农业现代化发展问题时，农村土地集体所有制的公平功能就会有所弱化，这就需要依据农业生产环境的变化对该制度做出适应性调整，以保证和发挥其公平功能。

3. 农村土地集体所有制的治理功能

农村治理体系和治理能力，是推进国家治理体系和治理能力现代化的重要组成部分。在农村治理体系中，国家和农民是紧密相连的利益主体，国家需要考量农民的利益诉求制定农业政策，农民会对农业政策带来的效应作出反应，从而国家和农民之间的关系就会适应性调整。但是，国家与农民的对接并不是非常顺畅，由此造成国家与农民之间的沟通成本就会非常高，并弱化农村治理效率。农村土地集体所有制，以村集体经济组织为桥梁，将国家与农民有效对接，以其统筹功能，权衡处理好二者的利益关系，既能提高农业政策制定效率，又能确保农民利益表达机制顺畅，从而增强了国家与农民的利益匹配度，进而提高了农村治理效率。在这个意义上，作为土地的所有者，村集体经济组织是农村治理链条上的重要主体，通过发挥其动员组织能力，实现了国家与农民沟通的低成本、利益的相容，紧密了国家、集体和农民之间的利益关联度，以"国家+集体+农民"的间接治理机制代替了"国家+农民"的直接治理机制，提高了农村治理能力，为推进国家治理体系和治理能力现代化夯实了微观基础。

三、有效落实农村土地集体所有制的保障措施，确保集体所有制地位稳固

有效落实农村土地集体所有制的保障措施，确保集体所有制地位稳固。坚持好和落实好农村土地集体所有制，是一个系统工程，需要全方位、多层面发力，通过实施切实有效的保障措施，才能贯彻好这个最大的农村制度，引领好我国农业农村现代化发展方向，在道路上不走偏。

1. 发挥基层党组织的战斗堡垒作用

习近平总书记曾经强调："党管农村工作是我们的传统，这个传统不能丢。"这意味着，农村干部的能力、素质关系到党在农村执政地位的巩固。要落实好农村土地集体所有制，释放土地集体所有的势能，发挥村集体经济组织的统筹作用，必须加强农村基层党组织建设，让其成为促进农业兴旺、带领农民致富、维护农村稳定的坚强领导核心。叶屋村和塘约村等地的做法充分表明，一个强有力的基层党组织是做好"三农"工作的法宝，好的基层党组织能够带领农村上下凝心聚力，促进农村发生翻天覆地的变化。为此，需要创新党的基层组织设置和活动方式，加强基层党组织带头人队伍建设，扩大基层党组织覆盖面，为坚持好、完善好和落实好、贯彻好农村土地集体所有制把好方向和谋好大局。

2. 树立以农民为主体的农业发展思维

农民的获得感和满足感是衡量农村工作的根本准绳，务必把农民对美好生活的向往贯穿于党的"三农"工作全部活动之中。要落实好农村土地集体所有制，必须要凸显农民的主体地位，维护好家庭经营的基础地位，农民的地农民种是必须坚持的基本取向。以农民为主的农业发展思维，不仅要在农村集体经济组织发

挥统筹作用的过程中，充分考量每个农民的权利和最大多数农民的整体利益，实现个体利益与整体利益的统一，避免农民与集体相对立；而且要正确看待资本在农业农村现代化过程中的作用，在农民和现代化农业龙头企业之间构建紧密的利益联结机制，实现农民作为小农户和现代农业发展的有机衔接。

3. 增强土地集体所有制的创新空间

落实好农村土地集体所有制，要处理好变与不变的辩证关系。坚持农村土地归集体经济组织所有，这个制度内核一定不能变。不变并不意味着不进行制度调整，应该根据新时代农业发展的阶段性特征，以深化改革为根本，增强农村土地集体所有制的适应弹性和创新空间，以不变应万变，通过稳定性、连续性和适应性释放农村土地集体所有制的势能。就目前而言，在土地归农村集体经济组织所有的前提下，积极探索其在新的农业生产条件下的存在范围和实现形式极为重要，需要以发展思维拓宽创新空间。土地三权分置就是极为紧迫的产权结构重构，要在土地集体所有不变的前提下，积极探索"三权分置"的多种实现形式，真正稳定承包权、放活经营权。

4. 构建科学合理的政府与市场关系

坚持农村土地集体所有制，核心问题是要处理好政府与市场的关系，既要发挥市场的决定性作用、又要更好发挥政府作用。首先，土地经营日趋细碎化、农业基础设施建设不足的新农业发展阶段，要求有关部门应当充分发挥好统筹协调作用，制定实施系统化的制度，以集体的统筹功能更好体现政府作用。其次，要充分发挥农民作为经济主体的作用，让农民以及农业经营者对农业生产、土地权利处置具有话语权，以市场的力量增强他们的产权实施能力。这就需要厘清政府与市场的行为边界，政府做到不缺位、不越位和不错位，市场做到公平、有序和完善，释放看得见的手和看不见的手的合力效应。所以，在事关农村土地权利分割、流转的事项上，政府只管牵好线、搭好桥，剩下的就发挥农民和其他利益相关者的积极性和创造性。

习近平总书记强调，处理好农民与土地的关系是深化农村改革的主线。在我国农业发展进入新时代和实施乡村振兴战略的背景下，牢牢把握农村土地集体所有制，是精准推进农村土地供给侧结构性改革的制度必选项，是增强我国农业供给结构适应性和灵活性的基础性制度，是贯彻以人民为中心发展思想的根本制度遵循，关系到我国农业农村现代化的加快推进和农业供给侧结构性改革的成效，决不能改旗易帜，必须确保集体所有制地位稳固。

第二节　确保农村资产管理规范化

2019年全国两会期间，习近平总书记在参加河南代表团审议时发表重要讲话，强调要深入推进农村集体产权制度改革，建立健全集体资产各项管理制度，完善农村集体产权权能，发展壮大新型集体经济。

一、健全农村集体资产管理制度

1. 资产清查制度

定期进行资产清查，重点清查核实集体经济组织所有的各种资产、负债和所有者权益，做到账实、账款相符。

2. 资产台账登记制度

集体所有的房屋、建筑物、机器、设备、工具、器具和农业基本建设设施等固定资产，要按资产的类别建立固定资产台账，及时记录资产增减变动情况。对新购固定资产，各村（居）提出申请，报办事处审批，再经村民或村民代表会议通过，凭发票入账登记，并报社区建设发展中心备案；需报废的固定资产，各村（居）提出申请，报社区建设发展中心批准，及时进行核销；固定资产的折旧，按照《××省农村集体经济会计制度》的规定执行。对新建、扩建厂房及办公设施，购买大宗或大件办公物品（指超过两万元以上的），须经村"两委"会研究同意，按程序报办事处审查批准，对审查同意的事项，由村（居）两委按照村级事务民主决策程序，分别召开党员大会进行审议、召开村（居）民会议或村（居）民代表会议进行决议，一致通过后组织实施。并将项目预算报社区建设发展中心备案，然后按公开招标、投标的方式实施。

3. 资产评估制度

集体经济组织以招、投标方式承包、租赁、出让集体资产，以参股、联营、合作方式经营集体资产，集体经济组织实行产权制度改革、合并或者分设等，应当进行资产评估。评估应有资质的中介机构实施。评估结果要按权属关系经集体经济组织成员的全体村（居）民会议或村（居）民代表会议确认。

4. 资产承包、租赁、出让制度

集体资产实行承包、租赁、出让应当制定相关方案，明确资产的名称、数量、用途，承包、租赁、出让的条件及其价格，是否招标、投标等事项；同时履行民主程序。集体资产承包、租赁、出让经营时，应当签订经济合同，明确双方的权利、义务、违约责任等，并向全体成员公开。经济合同签订须按程序报办事处审查批准，经村（居）民或村（居）民代表会议通过。各项经济合同的签定要按规定在本村（居）公示，合同签订要一式三份，其中一份连同《村级重大决策事项审查表》《村级重大决策事项决议记录表》报办事处社区建设发展中心备案。

5. 资产经营制度

集体资产实行承包、租赁、出让经营的，要加强合同履行的监督检查，公开合同履行情况；收取的承包费和租赁费等归集体经济组织所有，纳入账内核算。集体经济组织统一经营的资产，要明确经营管理责任人的责任和经营目标，确定决策机制、管理机制和收益分配机制，并向全体成员公开。集体经济组织实行股份制或者股份合作制经营的，其股份收益归集体经济组织所有，纳入账内核算。要定期对集体资产的使用、维护和收益进行检查，确保集体资产的安全和保值增值。

二、发展壮大新型集体经济

发展壮大乡村集体经济有利于巩固党在农村的执政基础，有利于增强村集体的凝聚力，有利于带动农民增收实现共同富裕的目标，有利于实现乡村振兴。党的十八大以来，习近平总书记高度重视发展乡村新型集体经济，在多个场合对发展壮大村级集体经济进行了深刻阐述。"资源变资产、资金变股金、农民变股东"的农村集体产权制度"三变"改革在全国由试点到全面铺开，许多省份已基本完成了农村集体产权制度改革，农村普遍成立了集体经济组织。

我们现在所搞的集体经济，实际上是一种新型集体经济。"新"主要体现在产权清晰，是在产权归属清晰基础上的一种集体合作制。农村集体产权制度改革虽然迈开了步子，取得了初步成效，但村集体经济组织的运行还存在着一些问题，主要有以下几个方面。

一是经营性资产少。很多村集体经济组织虽然注册了，但缺乏经营性资产，基本上都是公共设施等非经营性资产。这两年，许多地方为发展壮大村集体经济，向部分村尤其是贫困村注入了数量不等的财政资金加以扶持。但是，由于缺乏具体的经营项目，这些村基本都是把财政投入的资金全部用于投资，以获取每年固定的分红。

二是经营人才缺乏。缺乏发展集体经济的带头人，现有的村两委负责人，缺乏意愿或能力带头发展集体经济；缺乏经营管理人才，导致合作社虽然注册了，但是不知道做什么，也不知道该怎么做；缺乏营销人才，有些合作社虽然开展了一些经营活动，但缺乏开拓市场的眼光和能力，导致产品卖不上价，打不开销路，卖不出去。

三是激励机制缺失。虽然在政策上，国家鼓励村集体经济的发展壮大，但是在政策落实上，缺乏具体的举措，导致许多政策较难真正落实。譬如在村干部的管理上，有些地方简单套用对政府公务员的管理模式，限制了村干部的作用发挥。对于集体经济的发展，也未作为硬性指标纳入村干部绩效考核标准。在集体产权制度改革中的股份设计上过于简单，很多只设置了"人头股"一个类别，其结果是"大锅饭"，干多干少一个样，起不到激励带头人和经营骨干的作用。无论是人才问题还是经营问题，其中不仅存在能力不足的问题，但更多是做事动力不足的问题。能力不足可以在"干中学"，而不愿干只能在机制设计上想办法。

针对以上问题，可从以下几方面着手加以改进。

首先，解放思想更新观念。一是重视学习刷新认知。要深入系统地学习习近平总书记的有关重要论述，尤其是有关"三农"问题和乡村振兴的论述，从中寻找指导当地发展的思想方法，开阔发展思路。二是充分认识壮大村级集体经济的重要性，打消集体经济搞不长搞不好的顾虑。三是重视乡村的多种价值，充分挖掘当地各种资源的潜力。甚至资源条件不好的，也要学会逆向思维，变不利为有利。四是树立依靠自身发展的信心，不能总想着靠政府和帮扶单位扶持。五是要有先干起来再说的勇气,不能被动等待。

其次,设计有效激励机制。一是要进一步深化集体产权制度改革,设计能够激励相容的制度,把个人利益与集体利益、国家利益结合起来,引导个人在服务集体、服务国家中实现个人利益。二是要充分发挥好基层党组织的领导核心和战斗堡垒作用,尤其要抓住村支部书记这个关键,把党建工作和发展集体经济等业务工作紧密结合起来。三是要充分发挥村中能人的作用,利用他们的经营特长和资金实力,选准产业和项目,做好发展集体经济的示范。四是要充分发挥外来资本的作用,善于借助外力使本村的集体经济迅速上一个台阶。五是要充分发挥当地村民的主体作用,相信群众,依靠群众,服务群众,调动他们参与集体经济发展的积极性。

再次,构建良好营商环境。一是加快转变政府职能,提升服务水平。政府要做好相关的服务,对于各种性质、类型的企业一视同仁,机会均等、公平参与,营造良好营商环境。二是搞好镇村规划,详细调查本地资源优势,规划好发展的蓝图。三是按照规划加快镇村基础设施和公共服务设施建设。加快地区特色产品市场建设,让农产品加工业、服务业在集镇集聚,把集镇建成镇村创业创新的平台。四是加大乡镇招商引资力度。过去招商引资主要集中于县城,集中于工业园区。现在搞乡村振兴,要把招商引资重心下沉,往下延伸,以镇村为中心。

最后,加大产业整合力度。一是要发挥新型经营主体的带动作用,选准主导产业,做大产业规模,做强产品品牌。二是要发挥政府主导作用,整合力量进行区域公用品牌的打造与宣传,提升产品附加值。三是加强市场调研与分析,按照市场需求从事生产加工。四是要强化土地的集约节约利用,提升资源利用效率和经济效益。

第三节　确保集体经济运营法治化

依法加强对农村集体产权制度改革的司法保障，促进集体资产保值增值，不断增加农民收入，推动乡村振兴发展，巩固脱贫攻坚成果。严格实施土地管理法、农村土地承包法和民法典物权编规定，妥善审理农村承包地、宅基地"三权分置"产生的土地权属流转纠纷案件，依法依规认定承包地经营权流转合同、宅基地使用权流转合同的效力，促进土地资源有效合理利用。依法保护农户土地承包权和宅基地资格权，确保农村土地归农村集体所有。依法保护农村集体经济组织成员权益，对农村集体经济组织将经营性资产、资源性资产折股量化到集体经济组织成员的，要依法充分保障农村集体经济组织成员参与经营决策和收益分配的权利，确保集体经济运营法治化。

《中共中央、国务院关于稳步推进农村集体产权制度改革的意见》（以下简称《意见》）中规定的涉农改革措施对于稳定农村集体产权制度具有重大意义，也必将给广大农民带来实实在在的利益。深化农村改革，最重要的就是要处理好农民与土地的关系。第二轮农村土地承包到期后土地怎么承包、农民的利益怎么保障是广大农民非常关心的问题，这次党中央、国务院明确指出要落实好第二轮农村土地承包到期后再延长30年政策，给广大农民吃下了最大的"定心丸"，为农村土地改革设定了基本方向。对于土地经营权流转以及农村集体经营性资产折股量化的问题，《意见》指出要完善农村承包地"三权分置"制度、完善产权权能、将经营性资产折股量化，也为将来的改革确定了基本原则。2020年5月十三届全国人大第三次会议表决通过的《中华人民共和国民法典》规定，土地承包经营权人可以自主决定依法采取出租、入股或者其他方式向他人流转土地经营权，从法律层面明确了土地经营权流转的方式，今后广大农民流转土地经营权就有了明确的制度依据，也会获得更多红利。根据以上情况，从以下几个方面对《意见》进行贯彻落实：一是要切实保护农民的土地承包权，妥善审理涉及农村承包地权属纠纷案件，严格执行第二轮土地承包到期后再延长30年的政策，确保农村土地归农民集体所有，保证土地承包关系稳定并长久不变；二是严格落实国家相关法律的规定，充分尊重农户意愿，严格保护农户的土地承包权和流转土地经营权的权利，依法依规认定承包地经营权流转合同效力，让农民既可以沉下心来搞生产，也可以放心流转土地经营权；三是对于农村集体经营性资产、资源的折股量化，严格按照习近平总书记关于"资源变资产、资金变股金、农民变股东"的要求，服务好农村集体产权制度改革，充分保障农村集体经济组织成员参与经营决策和收益分配的权利。

改革后，新成立的农村集体经济组织作为农村集体资产的管理主体，主要承担管理集体资产、开发集体资源、发展集体经济、服务集体成员等方面作用。农村集体产权制度改革在全国范围内仍在推进，国家相关立法工作仍处于调研阶段，目前各级关于农村集体经济组织的法律法规暂不完善，下一步运营管理方面的制度规定也暂时存在一定空白。

为规范农村集体经济组织运营管理，山东省济南市突出改革创新和超前谋划，根据上级有关政策精神，在全省率先印发了《济南市农村集体经济组织管理规定（试行）》，立足内外两个层面对农村集体经济组织运营管理做出明确规定。内部管理方面，规范了农村集体经济组织的机构、成员、资产、财务与审计、股权及股权抵押、收益与分配以及变更注销等多项管理制度；外部监管方面，明确了各级农业农村部门和审计部门的管理、指导、监督责任。济南市通过加强农村集体经济组织运行管理等方面的政策体系,有利于加快形成既体现集体优越性又调动个人积极性的农村集体经济运行新机制,对于厘清各类村级组织之间的关系、有效发挥农村集体经济组织功能作用、规范农村集体经济组织运行管理行为、保障农村集体经济组织及其成员合法权益、增加农民财产性收入、发展壮大集体经济具有积极意义。

参考文献

陈银容,梅昀,2017. 农村土地流转交易机制与制度研究[M]. 北京:科学出版社.

初同伟,祁伟伟,高军,等,2019. 新常态下农村集体经济发展面临的问题及对策[J]. 中国集体经济(34):1-2.

丁慧敏,2019. 农村集体资产管理的现状及其对策[J]. 农民致富之友(24):247.

顾吾浩,2017. 创新农村集体经济发展模式的思考[J]. 上海农村经济(9):23-26.

韩静,2018. 论加强农村集体经济组织财务管理[J]. 中国集体经济(4):129-130.

韩振华,2018. 北京农村集体资产经营管理探索[J]. 中国集体经济(32):40-41.

李季,张岩,李杰,2007. 如何构建新型农村集体资产运营机制[J]. 农民致富之友(7):41.

李劲民,2016. 山西农村集体产权制度改革研究[M]. 北京:中国社会出版社.

陆睿,谭诗赏,王耀东,2019. 巧掘乡村产业振兴"第一桶金":荣昌区求解村级集体经济发展"四道题"[J]. 当代党员(2):22-25.

孟艳斌,2018. 农村集体经济组织固定资产管理中存在的问题及对策[J]. 中国市场(18):33-34.

单瑞芳,2017.农村集体经济发展面临的困境及其对策［J］.中国集体经济(12):4-5.

单胜道,陈强,2005.农村集体土地产权及其制度创新［M］.北京:中国建筑工业出版社.

宋俊生,2019.村级集体经济组织资产运营管理探究［J］.中国集体经济(4):11-12.

汪洋,2019.唐河县农村土地流转的现状与思考［J］.农民致富之友(24):226.

王海英,屈宝香,李晨曦,等,2016.贫困地区村级集体经济发展问题探讨:宁夏回族自治区隆德县村级集体经济调研［J］.中国农业信息(18):3-5.

王蕾,张伟民,金文成,2016."十二五"时期村级集体经济组织资产财务状况统计分析［J］.农村经营管理(6):11-12.

附录 中共中央 国务院关于稳步推进农村集体产权制度改革的意见

为探索农村集体所有制有效实现形式,创新农村集体经济运行机制,保护农民集体资产权益,调动农民发展现代农业和建设社会主义新农村的积极性,现就稳步推进农村集体产权制度改革提出如下意见。

一、重大意义

(一)农村集体产权制度改革是巩固社会主义公有制、完善农村基本经营制度的必然要求。农村集体经济是集体成员利用集体所有的资源要素,通过合作与联合实现共同发展的一种经济形态,是社会主义公有制经济的重要形式。改革开放以来,农村实行以家庭承包经营为基础、统分结合的双层经营体制,极大解放和发展了农村社会生产力。适应健全社会主义市场经济体制新要求,不断深化农村集体产权制度改革,探索农村集体所有制有效实现形式,盘活农村集体资产,构建集体经济治理体系,形成既体现集体优越性又调动个人积极性的农村集体经济运行新机制,对于坚持中国特色社会主义道路,完善农村基本经营制度,增强集体经济发展活力,引领农民逐步实现共同富裕具有深远历史意义。

(二)农村集体产权制度改革是维护农民合法权益、增加农民财产性收入的重大举措。农村集体资产包括农民集体所有的土地、森林、山岭、草原、荒地、滩涂等资源性资产,用于经营的房屋、建筑物、机器设备、工具器具、农业基础设施、集体投资兴办的企业及其所持有的其他经济组织的资产份额、无形资产等经营性资产，用于公共服务的教育、科技、文化、卫生、体育等方面的非经营性资产。这三类资产是农村集体经济组织成员的主要财产，是农业农村发展的重要物质基础。适应城乡一体化发展新趋势，分类推进农村集体产权制度改革，在继续按照党中央、国务院已有部署抓好集体土地等资源性资产确权登记颁证，建立健全集体公益设施等非经营性资产统一运行管护机制的基础上，针对一些地方集体经营性资产归属不明、经营收益不清、分配不公开、成员的集体收益分配权缺乏保障等突出问题，着力推进经营性资产确权到户和股份合作制改革，对于切实维护农民合法权益，增加农民财产性收入，让广大农民分享改革发展成果，如期实现全面建成小康社会目标具有重大现实意义。

二、总体要求

（三）指导思想。全面贯彻党的十八大和十八届三中、四中、五中、六中全会精神，以邓小平理论、"三个代表"重要思想、科学发展观为指导，深入贯彻习近平总书记系列重要讲话精神和治国理政新理念新思想新战略，紧紧围绕统筹推进"五位一体"总体布局和协调推进"四个全面"战略布局，牢固树立新发展理念，认真落实党中央、国务院决策部署，以明晰农村集体产权归属、维护农村集体经济组织成员权利为目的，以推进集体经营性资产改革为重点任务，以发展股份合作等多种形式的合作与联合为导向，坚持农村土地集体所有，坚持家庭承包经营基础性地位，探索集体经济新的实现形式和运行机制，不断解放和发展农村社会生产力，促进农业发展、农民富裕、农村繁荣，为推进城乡协调发展、巩固党在农村的执政基础提供重要支撑和保障。

(四) 基本原则

——把握正确改革方向。充分发挥市场在资源配置中的决定性作用和更好发挥政府作用,明确农村集体经济组织市场主体地位,完善农民对集体资产股份权能,把实现好、维护好、发展好广大农民的根本利益作为改革的出发点和落脚点,促进集体经济发展和农民持续增收。

——坚守法律政策底线。坚持农民集体所有不动摇,不能把集体经济改弱了、改小了、改垮了,防止集体资产流失;坚持农民权利不受损,不能把农民的财产权利改虚了、改少了、改没了,防止内部少数人控制和外部资本侵占。严格依法办事,妥善处理各种利益关系。

——尊重农民群众意愿。发挥农民主体作用,支持农民创新创造,把选择权交给农民,确保农民知情权、参与权、表达权、监督权,真正让农民成为改革的参与者和受益者。

——分类有序推进改革。根据集体资产的不同类型和不同地区条件确定改革任务,坚持分类实施、稳慎开展、有序推进,坚持先行试点、先易后难,不搞齐步走、不搞一刀切;坚持问题导向,确定改革的突破口和优先序,明确改革路径和方式,着力在关键环节和重点领域取得突破。

——坚持党的领导。坚持农村基层党组织的领导核心地位不动摇,围绕巩固党在农村的执政基础来谋划和实施农村集体产权制度改革,确保集体经济组织依法依规运行,逐步实现共同富裕。

(五) 改革目标。通过改革,逐步构建归属清晰、权能完整、流转顺畅、保护严格的中国特色社会主义农村集体产权制度,保护和发展农民作为农村集体经济组织成员的合法权益。科学确认农村集体经济组织成员身份,明晰集体所有产权关系,发展新型集体经济；管好用好集体资产，建立符合市场经济要求的集体经济运行新机制，促进集体资产保值增值；落实农民的土地承包权、宅基地使用权、集体收益分配权和对集体经济活动的民主管理权利，形成有效维护农村集体经济组织成员权利的治理体系。

三、全面加强农村集体资产管理

（六）开展集体资产清产核资。这是顺利推进农村集体产权制度改革的基础和前提。要对集体所有的各类资产进行全面清产核资，摸清集体家底，健全管理制度，防止资产流失。在清产核资中，重点清查核实未承包到户的资源性资产和集体统一经营的经营性资产以及现金、债权债务等，查实存量、价值和使用情况，做到账证相符和账实相符。对清查出的没有登记入账或者核算不准确的，要经核对公示后登记入账或者调整账目；对长期借出或者未按规定手续租赁转让的，要清理收回或者补办手续；对侵占集体资金和资产的，要如数退赔，涉及违规违纪的移交纪检监察机关处理，构成犯罪的移交司法机关依法追究当事人的刑事责任。清产核资结果要向全体农村集体经济组织成员公示，并经成员大会或者代表大会确认。清产核资结束后，要建立健全集体资产登记、保管、使用、处置等制度，实行台账管理。各省级政府要对清产核资工作作出统一安排，从 2017 年开始，按照时间服从质量的要求逐步推进，力争用 3 年左右时间基本完成。

（七）明确集体资产所有权。在清产核资基础上，把农村集体资产的所有权确权到不同层级的农村集体经济组织成员集体，并依法由农村集体经济组织代表集体行使所有权。属于村农民集体所有的，由村集体经济组织代表集体行使所有权，未成立集体经济组织的由村民委员会代表集体行使所有权；分别属于村内两个以上农民集体所有的，由村内各该集体经济组织代表集体行使

附录 中共中央 国务院关于稳步推进农村集体产权制度改革的意见

所有权，未成立集体经济组织的由村民小组代表集体行使所有权；属于乡镇农民集体所有的，由乡镇集体经济组织代表集体行使所有权。有集体统一经营资产的村（组），特别是城中村、城郊村、经济发达村等，应建立健全农村集体经济组织，并在村党组织的领导和村民委员会的支持下，按照法律法规行使集体资产所有权。集体资产所有权确权要严格按照产权归属进行，不能打乱原集体所有的界限。

（八）强化农村集体资产财务管理。加强农村集体资金资产资源监督管理，加强乡镇农村经营管理体系建设。修订完善农村集体经济组织财务会计制度，加快农村集体资产监督管理平台建设，推动农村集体资产财务管理制度化、规范化、信息化。稳定农村财会队伍，落实民主理财，规范财务公开，切实维护集体成员的监督管理权。加强农村集体经济组织审计监督，做好日常财务收支等定期审计，继续开展村干部任期和离任经济责任等专项审计，建立问题移交、定期通报和责任追究查处制度，防止侵占集体资产。对集体财务管理混乱的村，县级党委和政府要及时组织力量进行整顿，防止和纠正发生在群众身边的腐败行为。

四、由点及面开展集体经营性资产产权制度改革

（九）有序推进经营性资产股份合作制改革。将农村集体经营性资产以股份或者份额形式量化到本集体成员，作为其参加集体收益分配的基本依据。改革主要在有经营性资产的村镇，特别是城中村、城郊村和经济发达村开展。已经开展这项改革的村镇，要总结经验，健全制度，让农民有更多获得感；没有开展这项改革的村镇，可根据群众意愿和要求，由县级以上地方政府作出安排，先进行试点，再由点及面展开，力争用5年左右时间基本完成改革。农村集体经营性资产的股份合作制改革，不同于工商企业的股份制改造，要体现成员集体所有和特有的社区性，只

能在农村集体经济组织内部进行。股权设置应以成员股为主,是否设置集体股由本集体经济组织成员民主讨论决定。股权管理提倡实行不随人口增减变动而调整的方式。改革后农村集体经济组织要完善治理机制,制定组织章程,涉及成员利益的重大事项实行民主决策,防止少数人操控。

(十)确认农村集体经济组织成员身份。依据有关法律法规,按照尊重历史、兼顾现实、程序规范、群众认可的原则,统筹考虑户籍关系、农村土地承包关系、对集体积累的贡献等因素,协调平衡各方利益,做好农村集体经济组织成员身份确认工作,解决成员边界不清的问题。改革试点中,要探索在群众民主协商基础上确认农村集体经济组织成员的具体程序、标准和管理办法,建立健全农村集体经济组织成员登记备案机制。成员身份的确认既要得到多数人认可,又要防止多数人侵犯少数人权益,切实保护妇女合法权益。提倡农村集体经济组织成员家庭今后的新增人口,通过分享家庭内拥有的集体资产权益的办法,按章程获得集体资产份额和集体成员身份。

(十一)保障农民集体资产股份权利。组织实施好赋予农民对集体资产股份占有、收益、有偿退出及抵押、担保、继承权改革试点。建立集体资产股权登记制度,记载农村集体经济组织成员持有的集体资产股份信息,出具股权证书。健全集体收益分配制度,明确公积金、公益金提取比例,把农民集体资产股份收益分配权落到实处。探索农民对集体资产股份有偿退出的条件和程序,现阶段农民持有的集体资产股份有偿退出不得突破本集体经济组织的范围,可以在本集体内部转让或者由本集体赎回。有关部门要研究制定集体资产股份抵押、担保贷款办法,指导农村集体经济组织制定农民持有集体资产股份继承的办法。及时总结试点经验,适时在面上推开。

五、因地制宜探索农村集体经济有效实现形式

（十二）发挥农村集体经济组织功能作用。农村集体经济组织是集体资产管理的主体，是特殊的经济组织，可以称为经济合作社，也可以称为股份经济合作社。现阶段可由县级以上地方政府主管部门负责向农村集体经济组织发放组织登记证书，农村集体经济组织可据此向有关部门办理银行开户等相关手续，以便开展经营管理活动。发挥好农村集体经济组织在管理集体资产、开发集体资源、发展集体经济、服务集体成员等方面的功能作用。在基层党组织领导下，探索明晰农村集体经济组织与村民委员会的职能关系，有效承担集体经济经营管理事务和村民自治事务。有需要且条件许可的地方，可以实行村民委员会事务和集体经济事务分离。妥善处理好村党组织、村民委员会和农村集体经济组织的关系。

（十三）维护农村集体经济组织合法权利。严格保护集体资产所有权，防止被虚置。农村承包土地经营权流转不得改变土地集体所有性质，不得违反耕地保护制度。以家庭承包方式承包的集体土地，采取转让、互换方式流转的，应在本集体经济组织内进行，且需经农村集体经济组织等发包方同意；采取出租（转包）或者其他方式流转经营权的，应报农村集体经济组织等发包方书面备案。在农村土地征收、集体经营性建设用地入市和宅基地制度改革试点中，探索正确处理国家、集体、农民三者利益分配关系的有效办法。对于经营性资产，要体现集体的维护、管理、运营权利；对于非经营性资产，不宜折股量化到户，要根据其不同投资来源和有关规定统一运行管护。

（十四）多种形式发展集体经济。从实际出发探索发展集体经济有效途径。农村集体经济组织可以利用未承包到户的集体"四荒"地（荒山、荒沟、荒丘、荒滩）、果园、养殖水面等资

源，集中开发或者通过公开招投标等方式发展现代农业项目；可以利用生态环境和人文历史等资源发展休闲农业和乡村旅游；可以在符合规划前提下，探索利用闲置的各类房产设施、集体建设用地等，以自主开发、合资合作等方式发展相应产业。支持农村集体经济组织为农户和各类农业经营主体提供产前产中产后农业生产性服务。鼓励整合利用集体积累资金、政府帮扶资金等，通过入股或者参股农业产业化龙头企业、村与村合作、村企联手共建、扶贫开发等多种形式发展集体经济。

（十五）引导农村产权规范流转和交易。鼓励地方特别是县乡依托集体资产监督管理、土地经营权流转管理等平台，建立符合农村实际需要的产权流转交易市场，开展农村承包土地经营权、集体林权、"四荒"地使用权、农业类知识产权、农村集体经营性资产出租等流转交易。县级以上地方政府要根据农村产权要素性质、流转范围和交易需要，制定产权流转交易管理办法，健全市场交易规则，完善运行机制，实行公开交易，加强农村产权流转交易服务和监督管理。维护进城落户农民土地承包权、宅基地使用权、集体收益分配权，在试点基础上探索支持引导其依法自愿有偿转让上述权益的有效办法。

六、切实加强党对农村集体产权制度改革的领导

（十六）强化组织领导。各级党委和政府要充分认识农村集体产权制度改革的重要性、复杂性、长期性，认真抓好中央改革部署的贯彻落实，既要鼓励创新、勇于试验，又要把控方向、有历史耐心，切实加强组织领导，积极稳妥推进改革。要建立省级全面负责、县级组织实施的领导体制和工作机制，地方各级党委书记特别是县乡党委书记要亲自挂帅，承担领导责任。各地要层层分解任务，落实工作措施，提出具体要求，创造保障条件，确保事有人管、责有人负，对于改革中遇到的矛盾和问题，要切实

加以解决，涉及重大政策调整的，要及时向上级请示汇报，确保社会和谐稳定。

（十七）精心组织实施。农村集体产权制度改革工作由中央农村工作领导小组组织领导，农业部、中央农村工作领导小组办公室牵头实施。要梳理细化各项改革任务，明确任务承担单位，制定配套的分工实施方案，有关部门按职责抓好落实。各有关部门要加强调查研究和工作指导，及时做好政策评估，协调解决改革中遇到的困难和问题；农业等有关部门的干部要深入基层，加强政策解读和干部培训，编写通俗易懂的宣传材料，让基层干部群众全面了解改革精神和政策要求。加强监督检查，严肃查处和纠正弄虚作假、侵害集体经济组织及其成员权益等行为。注重改革的系统性、协同性，与正在推进的有关改革做好衔接，发挥改革的综合效应。

（十八）加大政策支持力度。清理废除各种阻碍农村集体经济发展的不合理规定，营造有利于推进农村集体产权制度改革的政策环境。农村集体经济组织承担大量农村社会公共服务支出，不同于一般经济组织，其成员按资产量化份额从集体获得的收益，也不同于一般投资所得，要研究制定支持农村集体产权制度改革的税收政策。在农村集体产权制度改革中，免征因权利人名称变更登记、资产产权变更登记涉及的契税，免征签订产权转移书据涉及的印花税，免收确权变更中的土地、房屋等不动产登记费。进一步完善财政引导、多元化投入共同扶持集体经济发展机制。对政府拨款、减免税费等形成的资产归农村集体经济组织所有，可以量化为集体成员持有的股份。逐步增加政府对农村的公共服务支出，减少农村集体经济组织的相应负担。完善金融机构对农村集体经济组织的融资、担保等政策，健全风险防范分担机制。统筹安排农村集体经济组织发展所需用地。

（十九）加强法治建设。健全适应社会主义市场经济体制要求、以公平为核心原则的农村产权保护法律制度。抓紧研究制定农村集体经济组织方面的法律，赋予农村集体经济组织法人资格，明确权利义务关系，依法维护农村集体经济组织及其成员的权益，保证农村集体经济组织平等使用生产要素，公平参与市场竞争，同等受到法律保护。抓紧修改农村土地承包方面的法律，赋予农民更加充分而有保障的土地权益。适时完善集体土地征收、集体经营性建设用地入市、宅基地管理等方面的法律制度。认真做好农村产权纠纷调解仲裁和司法救济工作。

附表1 农村集体资产清产核资报表

单位名称：_____（单位公章）

负 责 人：_____

联系电话：_____

审核部门：_____（单位公章）

填表时间：_____年_____月_____日

目　录

	一、农村集体经济组织填报
农清明细 01	货币资金清查登记表
农清明细 02	短期投资清查登记表
农清明细 03	应收款项清查登记表
农清明细 04	库存物资清查登记表
农清明细 05	牲畜（禽）资产清查登记表
农清明细 06	林木资产清查登记表
农清明细 07	长期投资清查登记表
农清明细 08-1	固定资产清查登记表-1（经营性固定资产）
农清明细 08-2	固定资产清查登记表-2（非经营性固定资产）
农清明细 09-1	在建工程清查登记表-1（经营性在建工程）
农清明细 09-2	在建工程清查登记表-2（非经营性在建工程）
农清明细 10	无形资产清查登记表
农清明细 11-1	短期借款清查登记表
农清明细 11-2	应付款项清查登记表
农清明细 11-3	长期借款及应付款清查登记表
农清明细 12	应付工资清查登记表
农清明细 13	应付福利费清查登记表
农清明细 14	一事一议资金清查登记表
农清明细 15	专项应付款清查登记表
农清明细 16	所有者权益清查登记表
农清明细 17	待界定资产清查登记表
农清明细 18-1	资源性资产清查登记明细表-1（农用地）
农清明细 18-2	资源性资产清查登记明细表-2（建设用地）
农清明细 18-3	资源性资产清查登记明细表-3（未利用地、附报）
农清明细 19-1	资产负债表（组织类）
农清明细 19-2	资产负债表（全资企业类）
农清明细 19-3	资产负债表（合并报表）
农清明细 20	资源性资产清查登记总表
	二、行政主管部门填报
农清汇总 01-1	资产负债汇总表（组织类）
农清汇总 01-2	资产负债汇总表（全资企业类）
农清汇总 01-3	资产负债汇总表（合并报表）
农清汇总 02	资源性资产清查登记汇总表

附表 1　农村集体资产清产核资报表

货币资金清查登记表

农清明细 01

___镇（街）____村（居）___组　　___年___月___日　　　　　　单位：元

账面数		核实数	
现金账面余额	元	现金	元
加：已收未入账	笔　　元	加：盘盈	张　　元
减：已支未入账	笔　　元	减：盘亏	张　　元
小　计	元	小　计	元
银行存款账面余额	元	银行账户余额	元
加：银收未入账	笔　　元	加：账收银未收	笔　　元
减：银付未入账	笔　　元	减：账付银未付	笔　　元
		其他存款余额	元
小　计	元	小　计	元
合　计		合　计	
出纳员（签章）：		财务主管人（签章）：	
监盘人（签章）：			
备注：		清产核资工作小组负责人（签章）：	

短期投资清查登记表

清查明细02

___镇(街) ___村(居) ___组　　　　　___年___月___日　　　　　单位:元

编号	投资对象	投资时间	投资期限	账面数			清查核实		核实数	备注
				合计	出资形式		增加+	减少-		
					货币资金	实物折价				
	(1)	(2)	(3)	(4)	(5)	(6)	(7)	(8)	(9)	(10)
1										
2										
3										
4										
5										
6										
7										
8										
9										
合计	—	—	—							—

相关事项说明:　　　　　　　　　　　　　　　清产核资工作小组负责人(签章):

填表人:

附表1 农村集体资产清产核资报表

应收款项清查登记表

农清明细03

___镇(街) ___村(居) ___组 ___年___月___日

单位：元

编号	债务人	形成原因	到期时间	审批人	账面数	清查核实		核实数	备注
						增加+	减少-		
	(1)	(2)	(3)	(4)	(5)	(6)	(7)	(8)	(9)
1									
2									
3									
4									
5									
6									
7									
8									
9									
合计		—	—	—					—

相关事项说明：

清产核资工作小组负责人（签章）：

填表人：

· 153 ·

库存物资清查登记表

___镇(街) ___村(居) ___组 ___年___月___日

农清明细04
单位:元、个、台、kg等

编号	类别	物资名称	规格型号	计量单位	存放地点	保管员姓名	账面数		清查核实				核实数		备注
							数量	金额	盘盈+		盘亏-		数量	金额	
									数量	金额	数量	金额			
	(1)	(2)	(3)	(4)	(5)	(6)	(7)	(8)	(9)	(10)	(11)	(12)	(13)	(14)	(15)
1															
2															
3															
4															
5															
6															
7															
8															
9															
合计	—	—	—	—	—	—							—		—

相关事项说明:

清产核资工作小组负责人(签章):

填表人:

附表1 农村集体资产清产核资报表

牲畜（禽）资产清查登记表

农清明细05

___镇（街） ___村（居） ___组　　　　　　___年___月___日　单位：元，只，头等

编号	品种	计量单位	饲养地点	饲养员姓名	账面数					清查核实								核实数		备注
					合计	幼畜及育肥畜		产役畜		幼畜及育肥畜				产役畜						
										盘盈+		盘亏-		盘盈+		盘亏-				
					金额	数量	金额	数量	金额	数量	金额	数量	金额	数量	金额	数量	金额	数量	金额	
(1)	(2)	(3)	(4)	(5)	(6)	(7)	(8)	(9)	(10)	(11)	(12)	(13)	(14)	(15)	(16)	(17)	(18)	(19)
1																				
2																				
3																				
4																				
5																				
6																				
7																				
8																				
9																				
合计	—	—	—	—					—		—		—		—					—

相关事项说明：

清产核资工作小组负责人（签章）：

填表人：

林木资产清查登记表

清单明细 06
单位：元、棵

___镇（街）___村（居）___组   ___年___月___日

编号	品种生长地点	管理员姓名	账面数									清查核实									核实数	备注
			合计	经济林木				非经济林木				经济林木				非经济林木						
				投产前		投产后		郁闭前		郁闭后		盘盈+		盘亏-		盘盈+		盘亏-				
			金额	数量	金额	数量	金额	数量	金额	数量	金额	数量	金额	数量	金额	数量	金额	数量	金额	金额		
(1)	(2)	(3)	(4)	(5)	(6)	(7)	(8)	(9)	(10)	(11)	(12)	(13)	(14)	(15)	(16)	(17)	(18)	(19)	(20)	(21)	(22)
1																					
2																					
3																					
4																					
5																					
6																					
7																					
8																					
9																					
合计	—	—																			—

相关事项说明：

清产核资工作小组负责人（签章）：

填表人：

附表1 农村集体资产清产核资报表

长期投资清查登记表

农清明细07

___镇(街) ___村(居) ___组　　　___年___月___日　　　单位：元

编号	投资对象	投资时间	投资期限	投资形式		账面数			利润分配形式	应收股息或利息	应收未收利润或分红	清查核实		核实数	备注
				股权投资	债权投资	合计	出资形式					增加+	减少-		
							货币资金	实物折价							
	(1)	(2)	(3)	(4)	(5)	(6)	(7)	(8)	(9)	(10)	(11)	(12)	(13)	(14)	(15)
1															
2															
3															
4															
5															
6															
7															
8															
9															
合计	—	—	—	—	—				—						—

相关事项说明：

填表人：　　　　　　　　　　　　　　　　　清产核资工作小组负责人（签章）：

· 157 ·

固定资产清查登记表-1
（经营性固定资产）

镇（街）_____ 村（居）_____ 组_____ _____年___月___日

单位：元、个、台、m²

农清明细08-1

编号	类别	名称(1)	构(购)建时间(2)	坐落或放置位置(3)	规格型号(4)	出租或出借		使用情况			账面数			清查核实					备注(21)
						对象(5)	期限(6)	年租金(7)	自用(8)	闲置(9)	其他(10)	数量或建筑面积(11)	原值(12)	已提折旧(13)	净值(14)	盘盈+ 数量或建筑面积(15)	金额(16)	盘亏- 数量或建筑面积(17)	金额(18)	核实数 数量或建筑面积(19)	金额(20)	
1	一、房屋建筑																					
2																						
3																						
4																						
5	二、机械设备																					
6																						
7																						
8																						

附表1 农村集体资产清产核资报表

(续表)

编号	类别	名称	构(购)建时间	坐落或放置位置	规格型号	出租或出借			使用情况			账面数			清查核实				核实数		备注
						对象	期限	年租金	自用	闲置	其他	数量或建筑面积	原值	已提折旧	净值	盘盈+		盘亏-		数量或建筑面积	金额	
																数量或建筑面积	金额	数量或建筑面积	金额			
		(1)	(2)	(3)	(4)	(5)	(6)	(7)	(8)	(9)	(10)	(11)	(12)	(13)	(14)	(15)	(16)	(17)	(18)	(19)	(20)	(21)
9	三、其他																					
10																						
11																						
12																						
小计		—	—	—	—	—	—															—
附报		—	—	—	—	—	—	—	—	—	—	—	—	—	—	—	—	—	—			—

固定资产清理账面数＿＿元，固定资产清理核实数＿＿元(包含经营性固定资产和非经营性固定资产)

清产核资工作小组负责人(签章):

相关事项说明:

填表人:

固定资产清查登记表-2
（非经营性固定资产）

镇（街）_____ 村（居）_____ 组_____ _____年_____月_____日

单位：元、个、台、m² 农清明细 08-2

编号	类别	名称	构（购）建时间	坐落或放置位置	规格型号	使用情况			账面数			清查核实				核实数		备注
						自用	闲置	其他	数量或建筑面积	原值	已提折旧	净值	盘盈+		盘亏-			
													数量或建筑面积	金额	数量或建筑面积	金额	数量或建筑面积	金额	
(1)		(2)	(3)	(4)	(5)	(6)	(7)	(8)	(9)	(10)	(11)	(12)	(13)	(14)	(15)	(16)	(17)	(18)
1	一、房屋建筑																	
2																		
3																		
4																		
5	二、机械设备																	
6																		
7																		

附表1 农村集体资产清产核资报表

(续表)

编号	类别	名称(1)	构(购)建时间(2)	坐落或置放位置(3)	规格型号(4)	使用情况 自用(5)	使用情况 闲置(6)	使用情况 其他(7)	数量或建筑面积(8)	账面数 原值(9)	账面数 已提折旧(10)	账面数 净值(11)	清查核实 盘盈+ 数量或建筑面积(12)	清查核实 盘盈+ 金额(13)	清查核实 盘亏- 数量或建筑面积(14)	清查核实 盘亏- 金额(15)	核实数 数量或建筑面积(16)	核实数 金额(17)	备注(18)
8																			
9	三、其他																		
10																			
	小计	—	—	—	—	—	—	—					—		—		—		—

相关事项说明：

清产核资工作小组负责人（签章）：

填表人：

在建工程清查登记表-1
（经营性在建工程）

农清明细09-1
单位：元，m²

镇_____（街）_____ 村_____（居）_____ 组_____ _____年_____月_____日

编号	工程名称	承建单位	坐落位置	开工时间	预计完工时间	完工进度%	投资预算		账面数		核实数		备注
							占地面积	金额	占地面积	已投资金额	占地面积	已投资金额	
	(1)	(2)	(3)	(4)	(5)	(6)	(7)	(8)	(9)	(10)	(11)	(12)	(13)
1													
2													
3													
4													
5													
6													
7													
8													
9													
小计	—	—	—	—	—	—							—

相关事项说明：

填表人： 清产核资工作小组负责人（签章）：

附表1 农村集体资产清产核资报表

在建工程清查登记表-2
(非经营性在建工程)

镇(街)_____ 村(居)_____ 组_____ _____年___月___日

农清明细09-2
单位:元、m²

编号	工程名称	承建单位	坐落位置	开工时间	预计完工时间	完工进度 %	投资预算		账面数		核实数		备注
							占地面积	金额	占地面积	已投资金额	占地面积	已投资金额	
	(1)	(2)	(3)	(4)	(5)	(6)	(7)	(8)	(9)	(10)	(11)	(12)	(13)
1													
2													
3													
4													
5													
6													
7													
8													
小计		—	—	—	—	—							—

相关事项说明:

清产核资工作小组负责人(签章):

填表人:

无形资产清查登记表

农清明细 10

镇（街）_____ 村（居）_____ 组_____ _____年____月____日 单位：元

编号	资产名称	取得时间	取得方式	预计使用年限	使用情况					账面原值	账面数		清查核实		核实数	备注
					出租或出借		自用	闲置	其他		累计摊销	账面净值	盘盈+盘亏-			
					对象	期限	租金									
	(1)	(2)	(3)	(4)	(5)	(6)	(7)	(8)	(9)	(10)	(11)	(12)	(13)	(14)	(15)	(16)	(17)
1																
2																
3																
4																
5																
6																
7																
8																
9																
小计	—	—	—	—	—	—	—	—	—	—						—

相关事项说明：

清产核资工作小组负责人（签章）：

填表人：

附表1 农村集体资产清产核资报表

短期借款清查登记表

___镇(街) ___村(居) ___组 ___年___月___日

表清明细11-1
单位:元

编号	债权人 (1)	债务成因 (2)	债务用途 (3)	产生时间 (4)	到期时间 (5)	审批人 (6)	账面数 合计 (7)	账面数 应付利息 (8)	账面数 本金 (9)	清查核实 增加+ (10)	清查核实 减少- (11)	核实数 (12)	备注 (13)
1													
2													
3													
4													
5													
6													
7													
8													
9													
合计	—	—	—	—	—	—							—

相关事项说明:

填表人: 清产核资工作小组负责人(签章):

应付款项清查登记表

表清明细 11-2

____镇（街）____村（居）____组 ____年__月__日

单位：元

编号	债权人	债务成因	债务用途	产生时间	到期时间	审批人	账面数			清查核实		核实数	备注
							合计	应付利息	本金	增加+	减少-		
(1)	(2)	(3)	(4)	(5)	(6)	(7)	(8)	(9)	(10)	(11)	(12)	(13)
1													
2													
3													
4													
5													
6													
7													
8													
9													
合计	—	—	—	—	—	—						—

相关事项说明：

清产核资工作小组负责人（签章）：

填表人：

附表1 农村集体资产清产核资报表

长期借款及应付款清查登记表

农清明细 11-3

___镇（街）___村（居）___组　　　___年___月___日　　　单位：元

编号	债权人 (1)	债务成因 (2)	债务用途 (3)	产生时间 (4)	到期时间 (5)	审批人 (6)	账面数			清查核实		核实数 (12)	备注 (13)
							合计 (7)	应付利息 (8)	本金 (9)	增加+ (10)	减少- (11)		
1													
2													
3													
4													
5													
6													
7													
8													
9													
合计	—	—	—	—	—	—							—

相关事项说明：　　　　　　　　　　　　　清产核资工作小组负责人（签章）：

填表人：

应付工资清查登记表

清产核资明细12
单位：元

____镇（街） ____村（居） ____组 ____年__月__日

编号	姓名 (1)	拖欠（未付）原因 (2)	账面数 合计 (3)	账面数 本年 (4)	账面数 以前年度 (5)	清查核实 增加+ (6)	清查核实 减少- (7)	核实数 (8)	备注 (9)
1									
2									
3									
4									
5									
6									
7									
8									
合计									

相关事项说明： 清产核资工作小组负责人（签章）：

填表人：

附表1 农村集体资产清产核资报表

应付福利费清查登记表

农清明细13
单位：元

镇（街）_____ 村（居）_____ 组_____ _____年___月___日

编号	使用项目 (1)	受益对象 (2)	支付时间 (3)	账面数		清查核实		核实数		备注 (10)
				借方 (4)	贷方 (5)	增加+ (6)	减少− (7)	借方 (8)	贷方 (9)	
1										
2										
3										
4										
5										
6										
7										
8										
9										
合计										

相关事项说明：

清产核资工作小组负责人（签章）：

填表人：

一事一议资金清查登记表

农清明细14

____镇（街） ____村（居） ____组　　　　　　____年__月__日　　　单位：元

编号	项目名称 (1)	项目预算（金额）(2)	资金来源（金额）					已使用资金 (8)	一事一议资金		备注 (11)
			财政奖补 (3)	社会捐赠 (4)	村民自筹 (5)	集体出资 (6)	其他 (7)		账面数 (9)	核实数 (10)	
1											
2											
3											
4											
5											
6											
7											
8											
9											
合计											

相关事项说明：

清产核资工作小组负责人（签章）：

填表人：

附表1 农村集体资产清产核资报表

专项应付款清查登记表

农清明细 15

_____镇(街) _____村(居) _____组　　_____年_____月_____日　　单位:元

编号	拨款单位	拨款用途	拨入时间	具体使用情况	拨入数 总金额	拨入数 其中:征地补偿费	已使用金额	账面数 总金额	账面数 其中:征地补偿费	核实数 总金额	核实数 其中:征地补偿费	备注
	(1)	(2)	(3)	(4)	(5)	(6)	(7)	(8)	(9)	(10)	(11)	(12)
1												
2												
3												
4												
5												
6												
7												
8												
9												
合计	—	—	—	—								—

相关事项说明:

填表人:　　　　　　　　　　　　　　　　　　　清产核资工作小组负责人(签章):

· 171 ·

所有者权益清查登记表

农清明细 16

镇（街）_____ 村（居）_____ 组_____　　　　　　　　　　　　　　　年___月___日　　　　　　　　单位：元

项目	行次	账面数(1)	清查核实		核实数(4)	备注(5)
			增加+(2)	减少-(3)		
（一）资本	1					
1. 入社资金	2					
2. 转增资本	3					
3. 其他	4					
（二）公积公益金	5					
1. 集体计提	6					
2. 资本溢价	7					
3. 接受捐赠	8					
4. 征地补偿费转入	9					
5. 一事一议资金转入	10					
6. 政府拨款等形成资产转入	11					
7. 其他	12					
（三）未分配利润	13					
小计	14					—

相关事项说明：

填表人：　　　　　　　　　　　　　　清产核资工作小组负责人（签章）：

附表1 农村集体资产清产核资报表

待界定资产清查登记表

镇（街）_____ 村（居）_____ 组_____　　　　　_____年_____月_____日　　　单位：个，台，元，亩，m² 等

农清明细17

编号	名称	数量	购建日期	坐落或置放位置	规格型号	使用情况	核实金额	备注
	(1)	(2)	(3)	(4)	(5)	(6)	(7)	(8)
1								
2								
3								
4								
5								
6								
7								
8								
9								
小计				—	—	—		

相关事项说明：

填表人：　　　　　　　　　　　　　　　清产核资工作小组负责人（签章）：

资源性资产清查登记明细表-1
(农用地)

镇(街)_____ 村(居)_____ 组_____ _____年__月__日

农清明细18-1

单位：亩、元

编号	资源类型	总面积 面积 (1)	未承包到户									已承包到户			备注
			集体自主经营		出租经营				其他经营方式			面积	其中：流转人集体统一经营		
			面积	年收益	面积	承租人	起止时间	年租金	面积	年收益			面积	年收益	
		(1)	(2)	(3)	(4)	(5)	(6)	(7)	(8)	(9)	(10)	(11)	(12)	(13)	(14)
	一、农用地小计														
1	耕地														
2	园地														
3	林地														
4	草地														
5	农田水利设施用地（沟渠）														

附表1 农村集体资产清产核资报表

（续表）

编号	资源类型	总面积	未承包到户									已承包到户			备注
			集体自主经营		出租经营				其他经营方式			其中：流转入集体统一经营		
		面积	面积	年收益	面积	承租人	起止时间	年租金	面积	年收益	面积	面积	年收益	
		(1)	(2)	(3)	(4)	(5)	(6)	(7)	(8)	(9)	(10)	(11)	(12)	(13)	(14)
6	养殖水面（坑塘水面）													
7	其他农用地													

相关事项说明：

填表人： 清产核资工作小组负责人（签章）：

资源性资产清查登记明细表-2
（建设用地）

农清明细 18-2

_____镇（街）_____村（居）_____组 _____年_____月_____日

单位：亩、元

编号	资源类型	总面积 面积	已开发利用											备注
			集体自主经营		出租经营				对外投资			其他经营方式			
			面积	年收益	面积	承租人	起止时间	年租金	面积	投资对象	起止时间	年收益	面积	年收益	
		(1)	(2)	(3)	(4)	(5)	(6)	(7)	(8)	(9)	(10)	(11)	(12)	(13)	(14)	(15)
	二、建设用地小计														
1	工矿仓储用地														
2	商服用地														
3	农村宅基地														

附表 1　农村集体资产清产核资报表

（续表）

编号	资源类型	总面积 面积 (1)	已开发利用													备注 (15)
			集体自主经营			出租经营				对外投资				其他经营方式		
			面积 (2)	年收益 (3)	面积 (4)...										

编号	资源类型	总面积	集体自主经营		出租经营				对外投资			其他经营方式		备注
		面积	面积	年收益	面积	承租人	起止时间	年租金	投资对象	起止时间	年收益	面积	年收益	
		(1)	(2)	(3)	(4)/(5)	(6)	(7)	(8)	(10)	(11)	(12)	(13)	(14)	(15)
4	公共管理与公共服务用地													
5	交通运输和水利设施用地													
6	其他建设用地													
	小计													

相关事项说明：

清产核资工作小组负责人（签章）：

填表人：

资源性资产清查登记明细表-3

（未利用地、附报）

镇（街）_____ 村（居）_____ 组_____ _____年_____月_____日

农清明细 18-3
单位：亩、元、m³

编号	资源类型	总面积	已开发利用								备注
			集体自主经营		出租经营				其他经营方式		
		面积	面积	年收益	面积	承租人	起止时间	年租金	面积	年收益	
		(1)	(2)	(3)	(4)	(5)	(6)	(7)	(8)	(9)	(10)	(11)
三、未利用地小计											
附报：											
（一）	"四荒"地										
（二）	待界定土地										
1.	待界定农用地										
2.	待界定建设用地										

附表1 农村集体资产清产核资报表

(续表)

编号	资源类型	总面积		已开发利用								备注
			面积	集体自主经营		出租经营				其他经营方式		
				面积	年收益	面积	承租人	起止时间	年租金	面积	年收益	
		(1)	(2)	(3)	(4)	(5)	(6)	(7)	(8)	(9)	(10)	(11)
3.	待界定未利用地											
(三)	林木											
1.	公益林(m³)											
2.	商品林(m³)											
	小计											

相关事项说明：

填表人：　　　　　　　　　　　　　　清产核资工作小组负责人(签章)：

资产负债表（组织类）

农清明细 19-1

____镇（街）____村（居）____组　　　____年____月____日

单位：元

资产	行次	账面数	核实数	负债及所有者权益	行次	账面数	核实数
一、流动资产合计	1			**一、流动负债合计**	25		
货币资金	2			短期借款	26		
短期投资	3			应付款项	27		
应收款项	4			应付工资	28		
存货	5			应付福利费	29		
	6				30		
二、农业资产合计	7			**二、长期负债合计**	31		
牲畜（禽）资产	8			长期借款及应付款	32		
林木资产	9			一事一议资金	33		
	10			专项应付款	34		
三、长期资产合计	11			其中：征地补偿费	35		
长期投资	12				36		
其中：长期股权投资	13			**三、所有者权益合计**	37		
四、固定资产合计	14			资本	38		
固定资产原值	15			其中:政府拨款等形成资产转入	39		
减：累计折旧	16			公积公益金	40		
固定资产净值	17			其中：征地补偿费转入	41		
其中：经营性固定资产	18			未分配收益	42		
固定资产清理	19			**负债和所有者权益合计**	43		
在建工程	20			**附报：**	44		
其中：经营性在建工程	21			1. 经营性资产	45		
五、其他资产	22			2. 非经营性资产	46		
无形资产	23			3. 待界定资产	47		
资产总计	24			4. 全资子公司所有者权益	48		
备注：				清产核资工作小组（签章）：			
填表人：							

附表1 农村集体资产清产核资报表

资产负债表（全资企业类）

农清明细19-2

____镇（街）____村（居）____组　　　　　____年____月____日

单位：元

资产	行次	账面数	核实数	负债及所有者权益	行次	账面数	核实数
一、流动资产合计	1			一、流动负债合计	24		
货币资金	2			短期借款	25		
短期投资	3			应付票据	26		
应收票据	4			应付账款	27		
应收账款	5			应付职工薪酬	28		
应收利息	6			应交税费	29		
应收股利	7			应付利息	30		
存货	8			应付股利	31		
其他流动资产	9			其他流动负债	32		
二、非流动资产合计	10			二、非流动负债合计	33		
可供出售金融资产	11			长期借款	34		
持有至到期投资	12			应付债券	35		
长期应收款	13			长期应付款	36		
长期股权投资	14			专项应付款	37		
投资性房地产	15			其他非流动负债	38		
固定资产	16			负债合计	39		
在建工程	17			三、所有者权益合计	40		
固定资产清理	18			实收资本（或股本）	41		
生产性生物资产	19			资本公积	42		
无形资产	20			盈余公积	43		
长期待摊费用	21			未分配利润	44		
其他非流动资产	22				45		
资产总计	23			负债和所有者权益总计	46		
备注：				清产核资工作小组（签章）：			
填表人：							

资产负债表（合并报表）

农清明细 19-3

____镇（街）____村（居）____组   ____年____月____日

单位：元

资产	行次	账面数	核实数	负债及所有者权益	行次	账面数	核实数
一、流动资产合计	1			**一、流动负债合计**	25		
货币资金	2			短期借款	26		
短期投资	3			应付款项	27		
应收款项	4			应付工资	28		
存货	5			应付福利费	29		
二、农业资产合计	6			**二、长期负债合计**	30		
牲畜（禽）资产	7			长期借款及应付款	31		
林木资产	8			一事一议资金	32		
	9			专项应付款	33		
三、长期资产合计	10			其中：征地补偿费	34		
长期投资	11				35		
其中：长期股权投资	12			**三、所有者权益合计**	36		
四、固定资产合计	13			资本	37		
固定资产原值	14			其中：政府拨款等形成资产转增资本	38		
减：累计折旧	15			公积公益金	39		
固定资产净值	16			其中：征地补偿费转入	40		
其中：经营性固定资产	17			未分配收益	41		
固定资产清理	18			**负债和所有者权益合计**	42		
在建工程	19				43		
其中：经营性在建工程	20			**附报**：	44		
五、其他资产	21			1. 经营性资产	45		
无形资产	22			2. 非经营性资产	46		
	23			3. 待界定资产	47		
资产总计	24			4. 全资子公司所有者权益	48		

备注：	清产核资工作小组（签章）：
填表人：	

附表1 农村集体资产清产核资报表

资源性资产清查登记总表

农清明细20

____镇（街）____村（居）____组　　　____年____月____日

单位：亩、m³

项目	行次	面积	备注
集体土地总面积	1		
（一）农用地	2		
1. 耕地	3		
其中：未承包到户面积	4		
2. 园地	5		
其中：未承包到户面积	6		
3. 林地	7		
其中：未承包到户面积	8		
4. 草地	9		
其中：未承包到户面积	10		
5. 农田水利设施用地（沟渠）	11		
6. 养殖水面（坑塘水面）	12		
其中：未承包到户面积	13		
7. 其他农用地	14		
（二）建设用地	15		
工矿仓储用地	16		
商服用地	17		

(续表)

项目	行次	面积	备注
农村宅基地	18		
公共管理与公共服务用地	19		
交通运输和水利设施用地	20		
其他建设用地	21		
（三）未利用地	22		
附报：	23		
（一）"四荒"地	24		
（二）待界定土地	25		
1. 待界定农用地	26		
2. 待界定建设用地	27		
3. 待界定未利用地	28		
（三）林木	29		
1. 公益林（m^3）	30		
2. 商品林（m^3）	31		
相关事项说明： 填表人：		清产核资工作小组 （签章）：	

注：表内勾稽关系 1＝2+15+22，2＝3+5+7+9+11+12+14，15＝16+17+18+19+20+21，25＝26+27+28，29＝30+31

附表1 农村集体资产清产核资报表

资产负债汇总表（组织类）

（镇级、村级、组级）

农清汇总01-1

填报单位：_____ ____年____月____日 单位：元

资产	行次	账面数	核实数	负债及所有者权益	行次	账面数	核实数
一、流动资产合计	1			一、流动负债合计	25		
货币资金	2			短期借款	26		
短期投资	3			应付款项	27		
应收款项	4			应付工资	28		
存货	5			应付福利费	29		
二、农业资产合计	6			二、长期负债合计	30		
牲畜（禽）资产	7			长期借款及应付款	31		
林木资产	8			一事一议资金	32		
	9			专项应付款	33		
三、长期资产合计	10			其中：征地补偿费	34		
长期投资	11				35		
其中：长期股权投资	12			三、所有者权益合计	36		
四、固定资产合计	13			资本	37		
固定资产原值	14			其中:政府拨款等形成资产转增资本	38		
减：累计折旧	15			公积公益金	39		
固定资产净值	16			其中：征地补偿费转入	40		
其中：经营性固定资产	17			未分配收益	41		
固定资产清理	18			负债和所有者权益合计	42		
在建工程	19				43		
其中：经营性在建工程	20			附报：	44		
五、其他资产	21			1. 经营性资产	45		
无形资产	22			2. 非经营性资产	46		
	23			3. 待界定资产	47		
资产总计	24			4. 全资子公司所有者权益	48		

备注：	填报单位（公章）：
填表人：	

资产负债表（全资企业类）

（镇级、村级、组级）

农清明细01-2

____镇（街）____村（居）____组　　　　____年____月____日　单位：元

资产	行次	账面数	核实数	负债及所有者权益	行次	账面数	核实数
一、流动资产合计	1			一、流动负债合计	24		
货币资金	2			短期借款	25		
短期投资	3			应付票据	26		
应收票据	4			应付账款	27		
应收账款	5			应付职工薪酬	28		
应收利息	6			应交税费	29		
应收股利	7			应付利息	30		
存货	8			应付股利	31		
其他流动资产	9			其他流动负债	32		
二、非流动资产合计	10			二、非流动负债合计：	33		
可供出售金融资产	11			长期借款	34		
持有至到期投资	12			应付债券	35		
长期应收款	13			长期应付款	36		
长期股权投资	14			专项应付款	37		
投资性房地产	15			其他非流动负债	38		
固定资产	16			负债合计	39		
在建工程	17			三、所有者权益合计	40		
固定资产清理	18			实收资本（或股本）	41		
生产性生物资产	19			资本公积	42		
无形资产	20			盈余公积	43		
长期待摊费用	21			未分配利润	44		
其他非流动资产	22				45		
资产总计	23			负债和所有者权益总计	46		

备注：	清产核资工作小组（签章）：
填表人：	

注：表内勾稽关系 1＝2+3+4+5+6+7+8+9，10＝11+12+13+14+15+16+17+18+19+20+21+22，23＝1+10，24＝25+26+27+28+29+30+31+32，33＝34+35+36+37+38，39＝24+33，40＝41+42+43+44，46＝39+40，23＝46

附表 1　农村集体资产清产核资报表

资产负债汇总表（合并报表）
（镇级、村级、组级）

农清汇总 01-3

填报单位：_____　　　____年____月____日　　　单位：元

资产	行次	账面数	核实数	负债及所有者权益	行次	账面数	核实数
一、流动资产合计	1			**一、流动负债合计**	25		
货币资金	2			短期借款	26		
短期投资	3			应付款项	27		
应收款项	4			应付工资	28		
存货	5			应付福利费	29		
二、农业资产合计	6			**二、长期负债合计**	30		
牲畜（禽）资产	7			长期借款及应付款	31		
林木资产	8			一事一议资金	32		
	9			专项应付款	33		
三、长期资产合计	10			其中：征地补偿费	34		
长期投资	11				35		
其中：长期股权投资	12			**三、所有者权益合计**	36		
四、固定资产合计	13			资本	37		
固定资产原值	14			其中：政府拨款等形成资产转增资本	38		
减：累计折旧	15			公积公益金	39		
固定资产净值	16			其中：征地补偿费转入	40		
其中：经营性固定资产	17			未分配收益	41		
固定资产清理	18			负债和所有者权益合计	42		
在建工程	19				43		
其中：经营性在建工程	20			**附报：**	44		
五、其他资产	21			1. 经营性资产	45		
无形资产	22			2. 非经营性资产	46		
	23			3. 待界定资产	47		
资产总计	24			4. 全资子公司所有者权益	48		

备注：	填报单位（公章）：
填表人：	

资源性资产清查登记汇总表

（镇级、村级、组级）

农清汇总02

填报单位_____　　　　____年____月____日　单位：亩、m³

项目	行次	面积	备注
集体土地总面积	1		
（一）农用地	2		
1. 耕地	3		
其中：未承包到户面积	4		
2. 园地	5		
其中：未承包到户面积	6		
3. 林地	7		
其中：未承包到户面积	8		
4. 草地	9		
其中：未承包到户面积	10		
5. 农田水利设施用地（沟渠）	11		
6. 养殖水面（坑塘水面）	12		
其中：未承包到户面积	13		
7. 其他农用地	14		
（二）建设用地	15		
工矿仓储用地	16		

附表 1　农村集体资产清产核资报表

（续表）

项目	行次	面积	备注
商服用地	17		
农村宅基地	18		
公共管理与公共服务用地	19		
交通运输和水利设施用地	20		
其他建设用地	21		
（三）未利用地	22		
附报：	23		
（一）"四荒"地	24		
（二）待界定土地	25		
1. 待界定农用地	26		
2. 待界定建设用地	27		
3. 待界定未利用地	28		
（三）林木	29		
1. 公益林（m^3）	30		
2. 商品林（m^3）	31		
相关事项说明：		填报单位（公章）：	
填表人：			

附表2 农村集体资产清产核资报告明细表

表1　农村集体资产核实确认表
表2　农村集体货币资金经营性质界定申报表
表3　农村集体债权/债务核销申报表
表4　农村集体资产报废报损申报表
表5　农村集体资产盘盈盘亏申报表
表6　农村集体资产价值评估或重估申报表
表7　农村集体资产清产核资审查意见表
表8　农村集体资产清产核资审查明细表

附表 2　农村集体资产清产核资报告明细表

表 1　农村集体资产核实确认表

行政村（社区）：　　　　　　　　　　　　　　　　　　　　单位：万元

核实内容		
账面数	数　量	
	金　额	
	形成时间	
	到期时间	
核实确认数	数　量	
	金　额	
	形成时间	
	到期时间	
关联人或单位意见		签字（盖章）：
清查经办人意见		签字：
行政村（社区）清产核资工作小组意见		签字：
行政村（社区）党支部意见		签字（盖章）：

1. 凡需与利益关联人面询、函证予以确认的资产，均填列此表。

2. 此表一式三份，一份关联人或单位留存，一份集体经济组织存档留存，一份报镇政府（街道）备案。

表 2 农村集体货币资金经营性质界定申报表

申报单位（盖章）： 单位：万元

货币资金	资金额度	资金来源	资金用途	货币资金界定性质（经营性资产/非经营性资产）	行政村（社区）清产核资工作小组意见

1. 本表所定资金性质不改变资金用途，只作为清产核资和股权量化的依据。
2. 此表一式两份，一份集体经济组织存档留存，一份报镇政府（街道）备案。

附表 2　农村集体资产清产核资报告明细表

表 3　农村集体债权/债务核销申报表

申报单位（盖章）：　　　　　　　　　　　　　　　　　单位：万元

债权/债务人	
产生原因	
账面金额	
核销金额	
核销原因	
债权/债务人意见	签字（盖章）：
行政村（社区）清产核资工作小组意见	签字：
行政村（社区）党支部意见	签字（盖章）：
镇政府（街道）审查意见	签字（盖章）：

此表一式三份，一份债权/债务人留存，一份集体经济组织存档留存，一份报镇政府（街道）备案。

表4 农村集体资产报废报损申报表

申报单位（盖章）：　　　　　　　　　　　　　　　　　单位：万元

资产名称	
账面原值	
已提折旧	
毁损金额	
净　值	
报废报损情况说明	
报废报损责任追究情况	责任人签字：
行政村（社区）清产核资工作小组意见	签字：
行政村（社区）党支部意见	签字（盖章）：
镇政府（街道）审查意见	签字（盖章）：

此表一式三份，一份债权/债务人留存，一份集体经济组织存档留存，一份报镇政府（街道）备案。

附表2　农村集体资产清产核资报告明细表

表5　农村集体资产盘盈盘亏申报表

申报单位（盖章）：　　　　　　　　　　　　　　　　　　　单位：万元

盘盈/盘亏资产	
盘盈价值	
盘亏价值	
情况说明	
行政村（社区）清产核资工作小组意见	签字：
行政村（社区）党支部意见	签字（盖章）：
镇政府（街道）审查意见	签字（盖章）：

　　此表一式三份，一份债权/债务人留存，一份集体经济组织存档留存，一份报镇政府（街道）备案。

表6 农村集体资产价值评估或重估申报表

申报单位（盖章）： 单位：万元

资产名称	
资产原值	
评估后资产净值	
重估增减净额	
价值评估 情况说明	
行政村（社区） 清产核资工作 小组意见	签字：
行政村（社区） 党支部意见	签字（盖章）：
镇政府（街道） 审查意见	签字（盖章）：
鉴证单位意见	鉴证人：

此表一式两份，一份集体经济组织存档留存，一份报镇政府（街道）备案。

附表 2　农村集体资产清产核资报告明细表

表 7　农村集体资产清产核资审查意见表

单位：个、户、人、万元

审查对象			
村民小组数量		户　数	
人口数		资源性资产面积	
经营性资产价值		非经营性资产价值	
流动资金		债　权	
债　务			
镇（街道办、便民服务中心）审查意见	审查人（签字）：		
清产核资工作小组意见	签字：		
第三方机构意　见	签字（盖章）：		
村党支部意　见	签字（盖章）：		
镇（街道办、便民服务中心）意　见	签字（盖章）：		

此表一式两份，一份集体经济组织存档留存，一份报镇（街道办、便民服务中心）备案。

表8 农村集体资产清产核资审查明细表

行政村（社区）名称：

类别	审查内容	审查标准	审查意见	审查人签字
清产核资报告	1. 清产核资报告。	审查内容是否真实、全面、有效。		
	2. 清产核资明细表、汇总表。	审查数据填报是否规范、准确，明细表与汇总表数据是否平衡一致，要求乡镇农业、财政、国土、林业等相关人员对相关数据核查确认。		
	3. 集体债权债务/资产核销或损耗申报表。	审查责任认定是否明确、理由是否合法合规。		
	4. 集体资产价值评估申报表。	审查评估价值是否合理公正，群众是否认可。		
清产核资档案	5. 清产核资工作小组酝酿推选资料。	审查推选程序是否规范、成员结构是否合理、档案记录是否完整真实。		
	6. 清产核资工作实施方案。	审查方案是否符合实际、时间任务安排是否合理。		
	8. 第三方机构服务采购协议。	审查协议内容是否规范合理，群众是否认可。